Reader Takes All.

記憶有一座宮殿
New Palace of Memory

16
Net and Books

我不時懷念一下超級馬利

文—郝明義

1986年的時候,有一天我買了一台紅白兩色相間的機器回家。

本來是要送給孩子的,但馬上成了我自己的玩具。

我迷上的遊戲叫作「超級馬利」。

◎

不玩電視遊樂器的人,怎麼也想不通那到底有什麼好玩。

當時還是八位元的遊戲,電視螢幕上所顯示的不過是一個雖然有一定的輪廓,但形象並不那麼清楚的人物。但是這個能跑跑跳跳,喜歡追逐金幣,愛吃魔菇,能吞金星的馬利,卻讓你著魔似地,每天下班第一件事想的就是回家。或者,回家之後再怎麼疲累,也要打開機器,希望能把過關的功夫鍛練一番。

當時的機器,沒有儲存遊戲記憶的功能。所以你沒法在昨天停機的那個地方接續玩下去,相對地,每天你打開機器,都要從第一關的第一個動作做起。

◎

玩電視遊樂器,想要一關關前進,需要具備的條件有三:一,閃躲陷阱的技巧;二,足以撐受攻擊的生命力;三,可以還擊魔頭的武器。

當「咚咚咚咚咚」的開機音樂一響,馬利開始蹦蹦跳跳地往前躍進,你不斷在練習的,就是這三件事。而最終目的,當然是一關一關地攻破,直到擊垮守在最後一關的超級魔王。

◎

從某一方面來說,電視遊樂器迷人的,在於滿足你渴望知道未來的需求。

再往前進,是什麼樣的光景?會增加什麼樣的武功?會碰上什麼樣的敵人?

　　黃大川攝影

人生，也不過是反覆問這幾個問題。但時間永遠把你制約，你沒法加速打開那個捲軸，沒法加速知道未來。

但是電視遊樂器則不然。時間在你手上，看你要把遊戲加速展開到什麼程度都可以。看你要反覆玩到什麼程度。

所以，你下了班之後就會守在那裡，玩到家人跟你抗議，他們逐漸入睡，四鄰全都安靜，然後，你在漆黑的屋子裡，一直玩到窗外的天色又開始泛白。

這是一個可以讓你快速體會未來如何展現的遊戲。

◎

可是，從更多的方面來說，電視遊樂器也是一個有關記憶的遊戲。

當然，最粗淺地說，你怎麼練習過關斬將，這本身就是在鍛練你的記憶。記憶如何跳過那個懸崖，如何多拿一些金幣，如何多吃一些魔菇。

◎

但遠不止於此。

前面險阻比較簡單，你自己的本領也比較簡單的時候，每當你生命用盡，力竭而死，就不得不重新開機，開始一段新的記憶。

玩到後面，自己本領比較高了，關卡的難度也更高的時候，很多時候是你主動中斷自己的記憶，希望讓自己從頭來過。

在企圖具備「閃躲陷阱的技巧」、「足以撐受攻擊的生命力」、「可以還擊魔頭的武器」這三個條件的前進中，你總會不時惋惜地發現，這多麼難以兼顧。有時候多吃了金幣，卻少吃了魔菇；有時候金幣和魔菇都吃得

飽飽的，但是腳下一個不小心，掉進了懸崖，減少自己的生命次數。

你總是才剛記得不要犯那個錯誤，卻又犯了另一個錯誤。

你惋惜。所以乾脆重新開機，擦掉這一次記憶，讓自己有機會重來一次，讓自己有一次更美滿的發展。

真實的生命沒法讓你如此奢侈。電視遊樂器可以。

◎

後來，你段數更高了。在深夜黑暗的屋子裡，你讓自己陷在那張懶骨頭座墊裡，看著螢幕上的光影閃動，很多動作已經有點反射性的作用。你一路跳躍、閃躲、攻擊，大部分都是兩隻手的事情。

很像是開車吧。

開在你熟悉的公路上，你的思緒開始飄飄盪盪地。

也許是螢幕上那個光影某個漂亮的蹲身，也許是剛才挨到的一記攻擊，讓你浮現起心頭的某個記憶。

也許純粹是一個不相干的畫面硬生生地擠入。

你坐在螢幕對面，在深深的夜裡，可以讓許許多多記憶在你身邊浮動。

這是一個面對自己記憶的時刻。

你幾乎以為這是打坐的事情了。

◎

我沒有玩網路遊戲的習慣。

相較之下，網路遊戲太複雜也太摹擬人生了。摹擬到讓我覺得何不集中精神去玩人生這個遊戲的本尊。

所以我不時懷念一下超級馬利。

黑黑的屋子裡，你在練習自己的記憶，面對自己的記憶，思考如何處置自己的記憶。　■

CONTENTS
目錄　封面圖像創作—滿腦袋 / 封面攝影—吳柔克

Net and Books 網路與書 16

記憶有一座宮殿

經營顧問：Peter Weidhaas 陳原 沈昌文
　　　　　陳萬雄　朱邦復　高信疆
發行人：郝明義
策劃指導：楊渡
主編：黃秀如
本輯責任編輯：蔡佳珊
編輯：藍嘉俊・冼懿穎・葉原宏・傅凌
網站編輯：莊琬華
北京地區策畫：于奇・徐淑卿
美術指導：張士勇
美術編輯：倪孟慧・張碧倫
攝影指導：何經泰
企畫副理：鍾亨利
行政兼讀者服務：塗忠眞
法律顧問：全理法律事務所董安丹律師

出版者：英屬蓋曼群島商網路與書股份有限公司台灣分公司
台北市105南京東路四段25號10樓之1
TEL：(02)2546-7799
FAX：(02)2545-2951
Email：help@netandbooks.com
網址：http://www.netandbooks.com
郵撥帳號：19542850
戶名：英屬蓋曼群島商網路與書股份有限公司台灣分公司

總經銷：大和書報圖書股份有限公司
地址：台北縣新莊市五工五路2號
TEL：886-2-8990-2588
FAX：886-2-2290-1658
製版：瑞豐實業股份有限公司
印刷：詠豐印刷股份有限公司
初版一刷：2005年4月
定價：台灣地區280元

Net and Books No.16
New Palace of Memory
Copyright © 2005 by Net and Books
Advisors: Peter Weidhass Chen Yuan
　　　　　Shen Chang Wen　Chan Man Hung
　　　　　Chu Bang Fu　Gao Xin Jiang
Publisher: Rex How
Editorial Director: Yang Tu
Chief Editor: Huang Shiou-ru
Executive Editor: Julia Tsai
Editors: Chia-Chun Lan・Winifred Sin・Yeh Yuan-Hung・Fu Ling
Website Editor: Lucienna Chuang
Managing Editor in Beijing: Yu Qi・Hsu Shu-Ching
Art Director: Zhang Shi Yung
Photography Director: He Jing Tai
Marketing Assistant Manager: Henry Chung
Administration: Jane Tu
Net and Books Co. Ltd. Taiwan Branch（Cayman Islands）
10F-1, 25, Section 4, Nanking East Road, Taipei, Taiwan
TEL: +886-2-2546-7799
FAX: +886-2-2545-2951
Email: help@netandbooks.com
http://www.netandbooks.com

本書之出版，感謝永豐餘參與贊助。

方位1

01

記憶載體的演化

記憶不再理所當然發自內心深處。外部化與自動化的記憶載體，儼然成為自我之外的另一個我，以其精確客觀的宣稱，冷然與我們凝視對望。

文—王志弘

　　試想某些勾引回憶的片刻：偶然尋到塵封的日記本或週記簿、突然聽到富有紀念意義的旋律、眾人一起翻閱照相簿或瀏覽數位相機的圖片、一枚戒指、一部電影、一張名片、空氣中的某種濕度和氣味，還有某個看似熟悉的身影⋯⋯

　　諸多記憶的線索，繁複多樣的心緒，但有一點是相同的：記憶不只是心靈的迴響，而是與誘發記憶的外界事象互動的結果。物件、聲音、景象、氣味，乃至於人物，無不埋藏了讓記憶發芽的種籽，甚至經常形成可以稱為「記憶裝置」的特殊機制，以其記錄和引發記憶的特殊功用，成為人體大腦之外的「記憶載體」：語言文字導向的命名、史冊、日誌、傳記和打字機，聲音韻律導向的詩詞歌曲和戲劇，結合聲光影像的攝影機、錄音機、電腦檔案，乃至於日新月異的數位傳訊器材。

技術與社會的記憶中介

　　這些記憶載體的發明和流行，透露了人類記憶是受到各種技術中介的複雜社會過程。西方心靈哲學曾經辯論：是否換了大腦，便形同掉換了記憶和意識內容，因此就成為一個不一樣的人？換言之，腦海的意識或記憶內容，決定了一個人的自我認同和身分。那麼，如果記憶可以儲存於人體之外，或者必須與外在於我的「記憶載體」互動，那麼何謂「人」和「自我」的定義，就必然會受到這些隨時代和社會發展演變的記憶載體深刻影響，從以身體為邊界的狹隘界定，轉化為超越人體界線，與技術裝置和社會關

【繪畫】人類最早的記憶手段。

係共存的複雜樣態。

隨著記憶的技術從書寫文字演變爲機械裝置、視覺攝影和數位紀錄，以及社會關係從封建貴族社會，轉化爲資本主義工業社會，我們可以期待受到技術與社會中介的記憶和自我會不斷改變，但這種改變並非單純的線性進展，後來的記憶載體完全取代先前的裝置，而是一種不斷疊加拼組的狀態。譬如，並非攝影機出現之後，就完全以機械複製的影像取代了手工書寫的文字，反而是文字以新樣態鑲嵌在新技術脈絡之中。

不過，我們還是可以辨認出幾個記憶載體變化的趨勢，牽涉的不僅是技術裝置與記錄的特質，還有記憶與自我的關係，以及爲何要記憶，爲誰而記憶等涉及社會效用的課題。

記憶載體的外部化與抽象符號化

自從最初的文字或表意符號發明以來，人類記憶就已經開始轉向心靈與身體外部，並經常呈現爲一套抽象符號系統。這種外部化看似理所當然，大幅增進了人類記憶的強度和延續性：明確的文字書寫取代了不可靠的人腦。但至少在西方哲學裡，這立即引發了懷疑。希臘哲學家柏拉圖認爲，實在世界是由人的理性和永恆不變的完滿觀念組成的，而我們感官認知到的世界裡的具體事象，只是這些觀念的不完美摹本；至於描繪這些具體事象的繪畫、戲劇，乃至於文字作品，更只是摹本的摹本，距離眞實和完美更爲遙遠。或者，如當代法國學者德希達（Derrida）指出的，西方思想執守語音中心主義（phonocentricism），亦即認爲口說的語言或聲音直接通達了說話者的意識或本意，而任何文字書寫只是次級的、可能錯誤的轉譯。原初的說話者（例如上帝），與記錄和傳遞話語（記憶）的經文史冊，似乎有著必然的差距偏移。

不過，我們也可以找到許多事例，證明那外部化或客體化的記憶載體，經常反而成爲至高的準繩，施加於千差萬別的眾生喧嘩之上。任何教條化的聖典，或是神聖化的史籍經文，都不再只是聖人話語的次級紀錄，而是變成一種聖物，銘刻著不容置疑的歷史和記憶。

順帶一提，以文字爲範例的記憶外部化過程，也經常是個標準化歷程。多重易變的口音，在方塊象形字或拼音字母組合的文字化過程裡逐漸歸於一致，暫時而騷亂的音調，凝結成爲固定的視覺圖形。隨著社會的發展和兼併，各地的方言也漸次統一爲民族語言或「國語」。印刷術、打字機，以迄電腦的發明，以標準化的字體消弭了個性化的手寫文字，更是模糊了任何私人親密痕跡。

然而，只要人生依然多變，生命各自不同，抽象化與標準化的符號載體，依然能夠拼組成爲特殊的私密記憶，寄託彰顯自我獨特性的情感。當電腦字體益形多樣，除了標楷、細明和中黑，還有諸多模擬手書文字的字型出現時，更顯示追求個性的欲望依然頑強。

見證的政治：感官提升與精確複製的記憶裝置

近代以來的記錄技術進展，尤其是照相機和攝影機的發明和普及化，宣告了感官敏銳度更爲提升的記憶時代來臨，或者說，我們對於「精確複製」的期待隨之高漲。「一幅畫勝過千言萬語」：看似無須人

力干預，自動將鏡頭前景象完全記錄於底片的攝影技術，誘引我們相信照片影像「此曾在」的證據效力，同時也因為能夠如此細密精準地記錄時移事往的片刻，而激化了時間流逝的敏感性。如此便展開了另一個記憶時代：見證的政治。見證自己與家人的成長分合（家庭攝影儀式和相簿的出現）、見證歷史性的時刻（新聞攝影的出現及壯大）、見證犯罪事蹟（全面視覺監控的時代），乃至於見證自己的行跡（用攝影寫日記，旅行時不可或缺的到此一遊證據）……。

　　精確複製的記憶似乎不容分說。那因為淡忘和遺忘所必須經歷的反覆尋思，以及回憶若假似真的游移／猶豫空間，全都壓縮殆盡。見證和「直擊」的快感取代了悠悠思量的樂趣和審慎，也讓我們忘了「眼見不必然為真」、「生命無法精確複製」的智慧。

　　這些影音記憶載體日益價廉、縮小且方便攜行，記錄供回憶的影像時，其方便百十倍於過去以文字刻畫的障礙（文盲、耗時和貯存的障礙）。我們可以想見，這是個隨時可以製作記憶，記憶大量膨脹的時代。然而，當記憶隨手可得，四處患漫，過去賦予記憶或承載記憶之物件的那種珍惜心情，可能也沖淡到清水般透明無味了。那麼，如果人類向依賴記憶來自我界定和反思，記憶的氾濫又意味了什麼樣的人類生存狀態呢？

從神聖到世俗：庶民記憶的時代？

　　大量生產而價廉普及的記憶載體，在大幅產製記憶素材的同時，也衝破了由上層階級把持的記錄裝置。刊載集體智慧結晶的書冊，不再庋藏於僧院或貴族堡壘禁地；日記與傳記的寫作不再是文人雅士的專擅；繪製與拍攝傳世的肖像，成為尋常人家負擔得起的生活慣習。如班雅明（Walter Benjamin）所言，大量印刷與機械複製消蝕了藝術作品的靈光（aura）。因為價昂、難得和獨特而烘托出來的非比尋常和神聖性，隨著廉價的機械產製而淪落人間，平凡無奇。

　　若把持神聖紀錄的聖器是操弄權力的要素，那麼解除神魅的庶民記憶，必然會翻轉主導性的權力關係。近年來台灣風行的地方文史書寫、庶民口述史、常民影像史，也逐步消解了正統國史定於一尊的狹隘權威。書寫記憶即書寫自我，庶民記憶的盛行標榜了自主意識的覺醒。然而，庶民記憶是否就保證了神聖威權不再？庶民話語和易受操控的「民粹」修辭，僅有咫尺之遙。納粹德國擅用廣播和紀錄片等新記憶載體的廣被勢力和見證力量，喧騰起鋼鐵般的國民爭勝意志，正是鮮明的前車之鑑。

記憶是門好生意：商品化的記憶載體

　　普及的記憶載體是門好生意。當新興載體出現及庶民記憶時代來臨，處理記憶裝置和素材便成為龐大的產業：從照相攝影器材、底片和相簿，到照相館與沖印店，從電腦周邊產品與耗材，到各種行動通訊傳輸器具。不斷推陳出新的即時記錄裝置與記憶加工程序，弔詭地在增添記憶和記憶載體數量的同時，縮短了記憶載體的壽命。不僅時新款式勾起的消費欲望，使得舊記憶載體本身很快就淪為史跡，各種內建的廢棄設計（使用年限）以及革新的硬體規格（新的儲存裝置，新的光碟格式及檔案容量需求），也讓記憶載體的迅速陳舊，成為持續牟取利潤的利基。我們持續更新各種新式記憶裝置，但那些登載於「過

時」記憶載體的回憶，也就紛紛投入填不滿的失憶深淵，永難召回（試想：當前所有銷毀實體文件，轉存於光碟等數位存取裝置的紀錄，在光碟失效及百年後的技術發展條件下，應該如何轉譯或恢復？）。

在資本主義的年代裡，記憶本身也是商品，或者，必須附著於商品或透過商品消費來生產記憶。發散的記憶經常凝聚於物件上，這便搭接上做為商品的物的邏輯。我們不僅藉由擁有和收藏物件來保留不忍逝去的記憶，也透過商品來自我定位，界定生命的意義。「懷舊」記憶轉化為懷舊商品，當推陳出新不足以誘發欲望，一九八〇年代風格或五年級生復古風，便補上臨門一腳。我們被銘刻了象徵意義的物品包圍，循著商品化的節慶活動體驗人生。於是，若不尋索這些已然是生活不可或缺一環的商品經驗，還真找不回屬於自己的記憶。

無所不在的自動記憶與出乎意料的回憶

記憶載體不僅機械化，也自動化了。無須刻意操作，不必親自選擇，自有許多電子裝置忠誠不懈地記錄你我的經歷，並常在你意料之外突然現身，質問我們自身的大腦記憶。提款機交易、刷卡消費、電子收銀機、監視錄影機、自動答錄機、電腦網頁進出登錄、電子公路收費、水電帳單、通訊紀錄、衛星導航系統……，這些記憶載體時常在我們無所知覺、未經同意的狀況下記錄生活軌跡。然後，有那麼一天，收到了附帶測速照片的罰單、逾期未繳的信用卡帳單，或是指證順手牽羊犯行的監視錄影帶，要求我們認可其不容辯駁的「客觀存在」，方才驚覺，記憶載體同時是個監控言行與規範秩序的龐大系統：法網恢恢，疏而不漏。

當記錄和回憶都不是自我的意志，而是自動機械的功能與執法者或商家的意圖時，這是否已達到「自我記憶」的疏離異化，乃至於「非我之我」充斥的境地？

非我之我：記憶的異化與他者化

法國學者布希亞（Baudrillard）曾經指出了符號（或影像）與真實（real）之間關係的四個歷史階段：1.影像是基本現實的反映（reflection）；2.影像遮掩且扭曲了基本現實；3.影像遮掩了基本現實的缺席（absence）；4.影像與任何現實都毫無關係：影像只是自身的純粹擬仿物（simulacrum）。

我們或許可以挪用這個觀點，來了解記憶載體與記憶之間的關係，以及技術中介的記憶和自我的關係。到底是否存在由記憶所確認的自我實體（記憶反映了自我意識的現實），或者記憶總是夾雜了刻意遺忘和改換更替（記憶扭曲了真實的自我經歷），或者召喚記憶其實是要構築已經缺席的自我（記憶掩蓋自我的空乏），或是如布希亞認定的，當今是個記憶與自我經驗脫鉤的時代，記憶成為自在自存的殘片累積，經由無所不在的自動記憶載體，四處散播，甚且成為抹消自我意識、對抗主體意志，那令人百口莫辯的「證據」？或者，在不斷萌生的記憶欲望中，暴漲的記憶影像淹沒或消融了人類經驗本身？

我們是否已經從因擔憂忘記而嘗試記憶，到達了記憶就是為了不斷忘卻以騰出記憶空間，以及完全與自我回憶無關的記憶世代？然而，巨細靡遺的記憶會是壓垮現實自我的負擔。記憶終究必須有所選擇，適度遺忘是記憶的必要條件。選擇記憶和遺忘什麼，正是我們界定自身獨特性的要務。 ∎

本文作者為世新大學社會發展所專任副教授

▶【錄音】記憶延伸到聲音。

02

數位記憶的美麗與哀愁

當腦中的記憶與知識都被數位化浪潮淹沒，我們還能對這透過位元組表示的人生留下多少感動？

文—Dr. Bh

　　或許，從「computer」老是被翻譯成普羅大眾所熟知的「電腦」而非「計算機」這件事看來，冥冥中早已暗示了每個現代人的腦袋瓜子，終將或多或少地被這些外表硬邦邦冷冰冰、內部卻因為風扇不夠力而熱烘烘的怪盒子所取代。只要想像一下當你的電腦硬碟全毀，剎時間大腦也彷彿被怪手硬生生挖掉一大塊的那種痛楚之感，你就會驚覺，你腦中記憶被新興數位科技替換的程度有多麼嚴重。

數位科技重塑記憶模式

　　理論上，電腦的組成硬體可以粗略地依照其功能分為三大部分——中央處理器（CPU），記憶體（Memory），以及輸入／輸出裝置（I／O Devices）。中央處理器負責的是算術／邏輯，諸如加減乘除等等。記憶體的用途則是載入運算時所需的資料，凡是要利用中央處理器進行計算的資料，都必須先被載入到記憶體中。至於輸入／輸出裝置，則是使用者對電腦下達指令及接收執行結果的介面，大家所熟悉的鍵盤／滑鼠／螢幕／印表機皆屬此類。

　　如果把計算機和我們的大腦結構進行對照，中央處理器和記憶體分別對應了大腦的計算及記憶功能，輸入／輸出介面對應的則是感知與表達能力。以資訊科技目前水準來評估，可以發現最容易被電腦所取代的，其實是天賦的記憶與計算能力。姑且先不論電腦在計算能力上的優勢，光是數位記憶技術的普及與進步，就已經全面地重塑了你我對天賦記憶能力的仰賴程度與使用模式。

　　廣義的數位記憶裝置，並不只是電腦主機板上插著的綠色記憶體晶片組，而是形形色色的科技產品大集合。無論是電腦所使用的軟碟、磁帶、硬碟、光碟、隨身碟，數位相機與DV必備的各式記憶卡，或甚至PDA與手機裡用來儲存行事曆與電話簿的內建記憶體，都象徵著數位儲存設備的洪流早已漫天蓋地而來。

　　隨著製造技術與材料科學的進步，數位記憶裝置的資料儲存量以一日千里的速度倍增，裝置本身的重量與體積卻以驚人的速度在縮小與精緻化。在許多五六年級電腦玩家的記憶裡，當年靠著一疊厚厚的磁碟片拷貝資料的拙樣，一直是讓自詡走在科技尖端的這些人不堪回首的尷尬回憶。反觀今日，一張郵票大的記憶卡，就足以儲存十幾年前上百部標準386電腦所有硬碟裡的資料。數位記憶裝置憑藉著龐大的資料量、便於保存且不失真，以及容易交換及攜帶等優點，早已經像便利商店一樣，成為你我日常生活中不可或缺的一環。

▶【攝影】記憶延伸到影像。

但對於曾經以其他形式來保存記憶的人們而言，數位記憶裝置所帶來的便利與進步，總難免夾雜著些許惆悵的感覺。從前，每當不期而遇地在街頭碰到久違的朋友，我們總是會誠心地拿出記事本記下聯絡方式，或甚至難掩喜悅地用原子筆刻畫在溫熱的掌心。拿起電話，閨中密友的電話號碼總是自然而然地浮出記憶的水平面，伴隨著盈盈笑語或婉言安慰，一起烙印成心裡彌足珍貴的回憶。

但現在，手機廠商不斷強調的超大電話簿容量和按個三兩下就敷衍了事的簡易輸入法，讓昔日友誼的珍惜之感逐漸淡化。坐在搖椅上的老奶奶看著泛黃的照片眼眶泛紅的光景也將不復存在，因為用螢幕顯示出來的畫面將永遠光鮮亮麗。從前求學時一筆一畫抄下的筆記或作業，在隨身碟中製作精美的簡報檔出現後，全都成了過時的老骨董。

浮光掠影的數位瀏覽方式，以及隨意進行完美複製的便利性，是否真正地代表了更深入更快速的知識累積？沉浸在圖書館的書香，尋尋覓覓後為先人智慧感動不已的時代已然消逝，更多的人們寧願相信一套從未見過的搜尋引擎從龐大的磁碟陣列中，按照不知名的規則為你準備好的知識拼盤。當原本應該自主存在的記憶與知識都已在數位化的浪潮中淹沒。那麼，我們還能對這透過位元組才能表示的人生留下多少感動？

0與1所無法取代的事

姑且不論情感上對舊時代記憶的緬懷與感傷，或者，在你的心裡也早已將反芻過往歲月的滋味，污名化為科技適應不良症候群患者的囈語。但不可諱言的，數位記憶技術本身仍然具有諸多隱憂。

數位資料不失真與耐久的特性固然可喜，但忽略了資料備份而造成嚴重後果的案例時有所聞。而儘管數位記憶的保存時間相當長，但對應的讀取裝置卻很可能因為過時而不知不覺地從市場上消失。到組裝電腦的3C賣場去走走，您會驚異發現，軟式磁碟機早已不是目前電腦系統的標準配備了。再過數十年，我們是不是只能到博物館去重溫珍藏已久的畢業照片光碟？

此外，數位資料易於複製與交換的特性，還會導致極為嚴重的著作權及隱私權問題。以前只有盜版集團或高手能嚴重侵害原作者的權益，但現在，只要不慎地遺失了PDA或光碟，也許明天就可以在網站上看到有人好心地把你的祕密分享給全世界。

因此，儘管數位記憶裝置的功能不斷推陳出新，我們還是該滿懷感激的謝謝上天賜予了人類神奇的大腦袋。或許它在考試或報告時總是不太靈光，但人生中最重要的回憶與感動卻始終縈繞心頭。儘管數百頁的厚重書本總讓人瞌睡連連，但咀嚼吟詠玩味的樂趣，與分析辯證改良的能力，卻是剛起步的資料探勘技術所望塵莫及的。請絕對別把你應該用真心和腦袋去體驗的美好人生，在統統用0與1記錄下來之後束之高閣。 ■

本文作者為台灣大學資訊工程所博士後研究員

【電腦】記憶延伸到人腦之外的他「腦」。

03

愛情忠實記錄器

文—夏綠蒂

曾經有一陣子不經意有一個習慣，就是在手機留言裡保留一則男友的留言。就是不知不覺的，總覺得要留一個聲音在自己身邊。有時走在路上，走著走著就一時興起打開來聽，然後就感到一陣只有自己知道的甜蜜與安心，即使那句話只是一句簡單的找不到人，待會兒再撥給你之類的無意義的話。那感覺跟直接拿起手機劈哩啪啦跟對方說話是不一樣的，像是帶了點時差，隔了個時空聽到一句你不在場時他跟你說的話。聽著聽著你會想笑，因為留言裡還參差著機器語音系統的聲音，比如：嘟～你有一則舊留言，留言如下……之類的，然後才開始播放對方的聲音。留話的人可能會覺得那很呆，事實上那真的也很呆，一段倉倉卒卒、不在預料中留下的話。但不知怎地，我卻覺得那是全天下最美妙的電磁波聲音，因為有一個人在說他想你，透過電子聲波預留給你，然後隔著時空的距離你還可以一個人在不同場景裡偷偷repeat那個場景、那個聲音。

是距離讓愛情變美，即使在追求零時差、零距離的手機世界裡。就像有人喜歡在手機裡輸入心愛人的大頭照。想看對方，碰面就看到了呀，但偏偏就要在親愛的小小手機螢幕上，輸入那連眼睛都看不清楚的小照片，為的是每次開關機偷偷看上一眼的滿足感，那有很大的美麗跟想像空間，是面對面談情說愛也不一定會有的。或者心血來潮按一按鍵盤，不時發個悄悄話簡訊給對方，然後想像對方收到的表情，那也是當著面說著情話不會帶來的驚訝與喜悅。手機把愛情帶進生活的每一個場景裡，你的手機就是你一切個人私密的總合，也是愛情的忠實記錄器跟最佳溝通情趣來源。那種栩栩如生感是以往的愛情時空裡所沒有的。

一個眾人吵吵鬧鬧的公開場合裡，某個人手機響了，你看他站起來走到外面去的速度跟聽他掩嘴小聲說話的音調，大概就可以猜到他八成是接到情人的電話。一對爭吵著對方有沒有外遇的夫妻，可能在手機留言簡訊跟通話紀錄中，證明外遇的存在，終於分手離婚。我幾乎可以說手機就是愛情，如果不是，那起碼也是最接近現代愛情的一個物證跟記憶體。沒有了手機，我還真不知道現代人要怎麼在這個速度愈來愈快的世界上談戀愛。

不過回到剛剛我迷戀的「距離」，這又相當弔詭了，手機講究的是溝通的迅速跟即時，但有時你卻又企圖在這速度中營造點距離，製造更大的美感。這很矛盾，但也很真實，它讓溝通的頻率更密集、但空間也更小了。這矛盾跟愛情裡距離與溝通的矛盾特質似乎也很像，你想愛得多一點，但又不想多失去自己一點，這怎麼可能？所以手機的鈴聲一直不停地到處響著，正如愛情一直到處不斷地接連上演。

本文作者為文字工作者

▶ 〔網際網路〕記憶聯結記憶，突破交換速度。

記憶之宮

文—郝明義
圖像創作—滿腦袋

1. 你走進了一棟房子。

　　房子相當寬敞，但又沒有大到顯得空洞。房子裡的光線很充足，但又剛好不至於全無幽暗。所以你可以清楚地看到這棟房子的四角，各有一番光景。

　　東南角，有兩個人。一個高大壯碩的勇士手裡舉著一把長戈，作勢要攻擊。另一人則要制止他。

　　東北角，則是一個女人。很像畫裡西夏回回女子的打扮。

　　西北角，有一個農夫。正拿著鐮刀在割稻。

　　西南角，則是一個女人抱著一個孩子在戲耍。

2. 1582年，

耶穌會神父利瑪竇，為了把天主的福音傳到東方，來到澳門，次年進入廣東。那個年代洋人要想進入中國取得定居、傳教的資格，艱難非常。利瑪竇為了入鄉隨俗，結交知識分子與官府，融入中國社會，使盡了辦法。早期他為了方便中國人理解與接納，不惜身披袈裟，以「番僧」的面貌出現，後來則改留髮蓄鬚，儒巾儒服，以更為中國人所接受的儒者而活動。

　　利瑪竇終於歷盡艱險，得以從廣東逐步往內陸轉進，最後定居北京，在中國前後居住27年而去世，完成他的使命與心願。他所憑藉結交中國社會各界的，除了從西方帶來的一些新奇事物（如「西洋鏡」）之外，就是各種知識。（尤其天文、數學與地圖。利瑪竇引入中國的世界地圖，讓一直以為自己是世界唯一中心的中國人大開眼界。）除此之外，利瑪竇還有一套獨特的方法幫他快速學習中國文字，進而與中國社會溝通，並了解中國的歷史與文化。中國人看一個洋人竟然可以讀中國書，已經夠神奇了，看他表演過目不忘的功夫就更覺不可思議。（利瑪竇可以匆匆看一眼四五百個字，就倒背如流。）於是利瑪竇乾脆寫了一本書來說明自己獨特的方法，送給他的中國朋友。

　　這本書就是《記法》。前面所說的走進那棟房子看到的四個角落的光景，則是利瑪竇在書中敘述他如何以空間結合心像來記憶中國文字的方法。

　　東南角，舉著長「戈」的勇士有人制「止」他，那是「武」。

　　東北角，「西」夏回回「女」子，那是「要」。

　　西北角，農夫拿著鐮刀（刂）在割稻（禾），那是「利」。

　　西南角，「女」人抱著孩「子」在戲耍，那是「好」。

　　因此這樣一個空間裡的影像，讓他記住了「武要利好」四個字。

　　在《記法》這本書裡，利瑪竇還舉例說明如何以影像記住「學而時習之，不亦說乎」的方法。

3.這套新奇的記憶方法，

對中國人來說前所未見，但是在利瑪竇所來自的歐洲，當時則已經有二千多年的歷史了。

利瑪竇如此說明這套方法的由來：

古西詩伯西末泥德嘗與親友聚飲一室，賓主甚眾。忽出戶外，其堂隨爲迅風摧崩。飲眾悉壓而死。其尸齋粉。家人莫能辨識。西末泥德因憶親友坐次行列，乃一一記而別之。因悟記法，〔遂〕創此遺世焉。

西末泥德（Simonides），是公元前六世紀，前蘇格拉底時代的人。古希臘人非常崇拜記憶力，認為它是女神鈕茉辛（Mnemosyne）的化身（鈕茉辛跟宙斯生下了九個繆斯女神）。西末泥德這套記憶法被稱之為mnemonics，正是由鈕茉辛的名字而來。

利瑪竇講的西末泥德怎麼發明這套記憶法的記述，在西方傳頌已久。其中，羅馬時代的哲學家也是政治家西塞羅（Cicero）在他那本著名的《論雄辯》（On the Orator）中的描繪，是代表之一。

從西塞羅的說明裡，我們可以知道西末泥德之所以「忽出戶外」，還另有故事。原來西末泥德是受一位貴族之請，寫一首長詩來歌頌他，以及兩位神祇——Castor 與 Pollux。到了現場後，那位貴族卻反悔，只肯付一半的錢，但仍然要求西末泥德在詩中兼顧對那兩位神祇的讚頌。所以，那兩位神祇派了兩個年輕人去把西末泥德從屋子裡叫了出來，救他一命，算是對他寫詩歌頌的回報。

照西塞羅的歸納，這套記憶法的元素就是「空間」（locus）與「心像」（imagine）的結合。所以使用的人必須先在心中構思許多空間，然後把想要記下來的事物形成影像，與這些空間聯想起來、儲存下來。西末泥德「因憶親友坐次行列，乃一一記而別之」，正是這種方法源起之道。利瑪竇在前述「武要利好」的記憶中接著說：「四字既安頓四所，後欲記憶，則默念其室，及各隅而尋之，自得其象，因象而憶其字矣。」則說明了一個實例。

因而，西末泥德所創的這種記憶法，也可以說是一種心像記憶法。

4. 西塞羅所以在《論雄辯》

這本書裡，談西末泥德以及他所發明的記憶術，是因為他把「記憶」（memory）視為辯論術中五大重點之一。

希臘、羅馬的文化中，藝術與建築的發展，都極為璀璨。在那麼多豐富而精彩的雕像、建築的環繞中，他們會在辯論術中利用到結合「空間」與「心像」的記憶法，是十分自然的發展。

一個要發表一篇滔滔雄辯的人，當然是不能帶小抄的。這樣，如果他能把一篇演說的內容，事先儲存在腦海裡架構出來的宮殿之內，則他在演說的時候只要讓自己進入要遊覽那座宮殿的狀態，那麼只要他把宮殿裡最精彩的空間裡的陳設瀏覽過一遍，他精彩的演說也就無所遺漏了。

利瑪竇說，這樣的記憶之宮到底要建築多大，端視需要而定：「用多，則廣宇千百間；少，則一室可分方隅」。進門之後的行進路線，則「爰自入門為始，循右而行，如臨書然。通前達後，魚貫鱗次，羅列胸中」，一方面提出了一種遊覽路線的可能，一方面還告訴我們這些腦海中的遊覽之順暢，根本可以像揮毫寫一幅字般輕鬆自如。

5. 法蘭西絲·葉茲（Francis Yates）

的《記憶的藝術》（*The Art of Memory*），是一本不能不讀的書。這本書把西方這種心像記憶法的傳承，做了極其生動又詳盡的描述。

從這本書的整理，我們可以看到西末泥德的方法，如何經亞里士多德而至羅馬時代。羅馬時代除了西塞羅之外，如何又有昆提連（Quintilian）一派，及佚名所著《獻給海倫留姆》（*Ad Herennium*）的一派之發展。

基督信仰成為主流之後，希臘、羅馬時代的種種文化成為異端，遭到破壞。但是心像記憶法卻並沒有失傳，反而更形發揚光大。只是其中羅馬的宮殿與神祇雕像，被《聖經》裡的空間與心像所取代。其理論的發展，歷經奧古斯丁而至阿奎那到達一個高峰；其實際的使用，則以但丁的《神曲》中天堂與地獄的刻劃到達一個高峰。

在天主教謹慎（Prudence）、忍耐（Temperance）、正義（Justice）、毅力（Fortitude）的基督四德中，「記憶」成為「謹慎」重要的一環。耶穌會神父利瑪竇會如此嫻熟使用心像記憶法，其來有自。

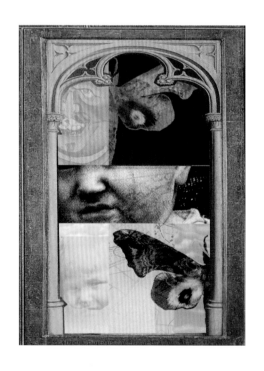

6. 1455年，古騰堡

在西方發明了活版印刷術。書籍開始可以快速、方便、成本低廉地印製，結束了手抄本書籍的時代，打破了知識長期被封鎖在中世紀神職人員的局限，也為心像記憶法的必要寫下了一個問號。

文藝復興之後，人文思想大盛，心像記憶法因為與神學的結合太深，自然開始受到質疑。

布魯諾（Giordano Bruno），在心像記憶術的發展上，是個具有特別意義的人。一方面，出身於修道院的他，後來結合占星術與種種新奇知識的研究，為心像記憶法做了歷史性的總結與大成；另一方面，他也因為反對以神學為一切的思想，支持哥白尼的太陽中心說，而終於被教會審判八年之後，燒死於羅馬的教會廣場。他個人所象徵的二千多年心像記憶術，到了顛峰，也預告了沒落。

接於布魯諾死後而起的啟蒙時代，為心像記憶法的問號改畫下句號。這有許多理由。其一，如法蘭西絲‧葉茲所說，萊布尼茲發明微積分之後，給想像的世界提出新的抽象符號，並做出無限的延伸。第二，各種新生知識開始出現系統化的整理與發展，人類學習與記憶的對象，轉向分門別類的知識領域。第三，這也和工業革命之後，新生的學校制度有關。

心像記憶術，從來都不是一個有定法可循的學習之道。教導心像記憶法的人，都是給一些原則，然後舉幾個例子來說明。至於實際最重要的如何建構那些記憶之宮，記憶之宮裡的陳設究竟如何，並不多加指導。這是因為心像記憶法強調每個人的記憶之宮都應該由他自己來建構，所以如果拿他人太詳細的例子來當範本，反而有違原則，不利自己記憶之宮的發展。

當工業革命之後，現代化大量招生的學校出現，講究標準教材，重視科學教育的制度大興。相較之下，心像記憶法是在知識屬於少數人擁有的時代個別傳授的方法，是意會重於言傳的方法，再加上與科學相對立的神祕與宗教色彩，被時代所「淘汰」也就毫不足為奇了。

如果說過去的心像記憶法是在教人如何建造記憶中的宮殿，所需要的是個人而隨機的藝術與想像，那麼在工業革命之後新興的學校制度之下，我們開始學習的則是如何建造記憶中的倉庫——在倉庫中，如何有效率地整理與存取大量、規格化、標準化的知識。

從宮殿而倉庫，不論在我們的腦外還是腦中，都是近代的一個進程。

7. 人類，

一直以強化、儲存記憶的可能為能。

人類四百萬年的進化史中，最早只能以繪畫及口傳來當作記憶的手段。

到大約距今五千年的時候，兩河流域、尼羅河流域、黃河流域這些地區，都不約而同地出現了文字這種劃時代的發明，可以看作是記憶可以往深度濃縮的第一波革命。

距今大約二千年的時候，中國出現了造紙的方法。書寫有了長久可以保存的工具，這是記憶出現方便載具的第二波革命。

距今大約一千三百年，中國出現的雕版印刷；距今大約六百年，歐洲出現的金屬活字印刷，讓書籍有了大量複製的機會，這是記憶得以量產的第三波革命。

距今大約一百年前，錄音與攝影相繼發明，這是讓記憶延伸到文字與紙張與書籍之外的第四波革命。

距今大約六十年前，電腦出現，這是讓記憶延伸到人腦之外的他「腦」的第五波革命。（雖然其普及到每個人的生活中還要再過四十年。）

距今大約三十年前，網際網路登場，這是讓記憶聯結記憶，突破交換速度的第六波革命。（雖然其普及到每個人的生活中還要再過二十年。）

每一波革命，我們都企圖為大腦這個記憶的原始工具，外掛新的載具、擴大容量、加快速度、增加聯結。以至於進入二十一世紀之後，進入知識經濟之後，今天我們除了擁有以上所有的主要工具之外，還有多到難以計數的周邊產品——年曆、月曆、日曆；袖珍筆記本、中型記事本、大型會議紀錄本；錄音筆、照相機、手機；桌上型電腦、筆記型電腦、PDA；記憶體、硬碟、網路硬碟、隨身碟；CD、VCD、DVD；ZIP、JPEG、MP3、MP4；辦公室裡用的、家裡用的、行走於路上用的。

在一個數據、資訊、知識爆炸的社會裡，在一個我們無時無刻不在讀、看、聽、說、寫的時代裡，我們焦慮於記憶可能之不足；我們也慶幸於記憶載具之日益「友善」。

有沒有簡單的歸納可以說明這到底是一個什麼樣的走向？這個走向背後的意義？

8. 有的。

做過這個歸納的人是柏拉圖。柏拉圖講的是五千年前文字第一次發明時候的故事。

埃及的一個古神……名字是圖提。他首先發明了數目，算術，幾何和天文……尤其重要的是他發明了文字。當時全埃及都受塔穆斯的統治……圖提晉見了塔穆斯，把他的各種發明獻給他看，向他建議要把它們推廣到全埃及。那國王便問他每一種發明的用處……輪到文字，圖提說：「大王，這件發明可以使埃及人受更多的教育，有更好的記憶力，它是醫治教育和記憶力的良藥！」

聽了圖提的說明，埃及國王回答了下面這麼一段話：

現在你是文字的父親，由於篤愛兒子的緣故，把文字的功用恰恰說反了！你這個發明結果會使學會文字的人們善忘，因為他們就不再努力記憶了。他們就信任書文，只憑外在的符號再認，並非憑內在的腦力回憶。

對於圖提認為文字可以對教育產生的功能，塔穆斯也有不同的看法：

至於教育，你所拿給你的學生們的東西只是真實界的形似，而不是真實界的本身。因為借文字的幫助，他們可無須教練就可以吞下許多知識，好像無所不知，而實際上卻一無所知。還不僅如此，他們會討人厭，因為自以為聰明而實在是不聰明。（柏拉圖〈裴德若篇〉，朱光潛譯）

柏拉圖透過蘇格拉底轉述的這個故事，是對記憶第一次延伸革命的反思，也預言了其後我們要一直面臨的矛盾心境。

9. 文章寫到這裡，

當然不可能是主張我們應該放棄這許多外掛記憶載體，而什麼都要靠自己的大腦來記憶。

那我們到底應該如何看待科技帶來的這許多「友善」，如何看待我們最珍貴的原有的大腦？

不妨回到記憶的本質來思考。

什麼是記憶的本質？

亞里士多德早在《論記憶與追憶》(On Memory and Reminiscence)中，就回答了這個問題。

亞里士多德的論點可以歸納如下：

一，所謂的「記憶」（memory），隱含著一種對時間流逝的認知。

二，因此所有有能力認知時間流逝的動物，都有memory，也可以remember。

三，但是動物之中只有人類，有能力不只可以remember，還可以recollect。

四，人類之中，擁有大量memory 的人並不等同於善於recollect的人。通常，擁有大量 memory 的人，心思比較遲緩；善於 recollect 的人，心思比較靈活。

亞里士多德的觀點中，最重要的是點出remember 和recollect的不同。這兩個字雖然也是英文的翻譯，但畢竟表現出亞里士多德想要說明的差異。而用中文翻譯起來，兩者如果都譯為「記憶」的話，顯然是沒法用同一個詞彙來解釋兩者的差異。

remember，只是在某種刺激之下，記憶中的事物從潛藏中重新浮現出來。但是recollect，則隱含了把需要記憶的事物，仔細收集(collect)妥當，然後在需要使用的時候，重新取出來使用，因而也就是 "re-collect"。

用中文來翻譯，暫時頂多用「記憶」及「追憶」來勉強區分。

10. 這麼說來，

我們就知道，在各種外掛記憶載具如此多樣的今天，在各種數據、資訊與知識以各種媒體充斥於我們四周的今天，我們對於記憶，最重要的焦點，不在於如何remember，而在於如何recollect——而要懂得如何re-collect，當然就得先要知道如何collect。

只有當我們能掌握到這個真諦時，記憶的兩個主要功能與作用，才能充分發揮。

拋開感性的層面不談，在一個所謂知識經濟的時代裡，記憶的兩個主要功能與作用應該是什麼？

一個是給形成人類知識總體的各種概念與元素，提供適當的儲存空間。

一個是讓自己個人過去的經驗儲存，可以形成對未來發展的某種預知的參考。

當然，這兩者又相輔相成。

11. 所以，

我們倒可以把自己唯一的大腦，以及數不清的外掛記憶載體，從筆記本到錄音筆到照相機到手機到電腦到PDA到網路硬碟到隨身碟，一次攤開來在眼前，好好思考如何使用其collect 與recollect。

首先我們要想的，還是如何使用自己的大腦。先把大腦的作用定位，其他外掛載體才好各就各位。

由我來說，我會認為有了這麼多外掛記憶載體，大腦不需要記憶太多事物以供remember，但是大腦必須記憶夠多的事物以供自己有能力去collect與recollect。

大腦記憶的事物越夠清楚，越夠系統，就越能夠collect他需要收集的數據、資訊與知識，然後分辨應該收納於自己的大腦之中，還是外掛的載體之中。同時，也越能夠在需要的時候再從相關的位置中recollect出來，重新取用。

套用電腦的說法，就是我們要把大腦組裝成最強而有力的內建記憶體，而把所有外掛的載具都視為多多益善的硬碟空間。

如果沒法善用內建記憶體與硬碟空間的差異，等同用之，混同用之，那外掛的載體越多，只是製造越大的混亂。記憶的事物越多，只是形成越多的浪費。

12. 在二十一世紀，

有了這麼多新生的外掛記憶載體的出現，我覺得今天如果重新看看西末泥德開始的建築「記憶之宮」的方法，變換一些型態來使用，可能別有意思。

說是別有意思，有兩個原因。

第一個原因，從我們進入網路時代之後，資訊爆炸，知識變化的速度太快了。過去很長時間我們借助學校制度來學習規格化知識的習慣與方法，都跟不上時代的實際需求了。

第二個原因，媒體整合的幅度太大了。而我們受的學校教育從小學到大學，強調的都主要是對文字「記憶」力的呈現。如果我們繼續只以「文字」為對象來建構有效的大腦倉庫，就算倉庫的容量可以支持，也不足以呼應這個多媒體時代的需求。

在這樣的時空中，如果我們重新把那個曾經為科學，為工業，為學校制度所摒棄的記憶的宮殿再度呼喚出來，會不會產生些新的作用，至少，產生些新的刺激？

13. 我們可以思考

用一種新的身分，新的角度來建造自己的記憶之宮。

在還沒有開始嫻熟之前，我們不妨先不要以建築師自居，而是以裝潢設計師的身分來思考。

也許我們沒有能力一下子建構一個規模極其雄偉的記憶城堡，但是可以從逐步改善現有一個房間的裝潢開始著手。

這麼說吧。我們面對的是一個已經長期被設計為倉庫的大腦。要清理這個倉庫，非朝夕之功。也許我們有勇氣也有機會來徹底整頓這個倉庫，也許我們並沒有。但是不論如何，我們可以從一些小小的起始點出發。

第一個出發點就是：我們不再以倉庫，而是以宮殿來看待這個大腦。倉庫，可以由方便又便宜的外掛記憶載體來充任。

第二個出發點，在於在宮殿中儲存宮殿中應該儲存的事物。宮殿當然也儲存事物，但是其珍貴程度非倉庫裡的物品所能比擬。大腦裡當然也記憶事物，只是記憶的是如何進一步收集宮殿裡珍品的脈絡，如何管理外掛記憶倉庫的訣竅。

第三個出發點，既然我們決心開始裝潢自己記憶的宮殿，就得親自費心培養自己的品味。培養品味，花心思，也花時間。所以得持續，得先有一個集中的方向。

有時候，我們看到一幅深奧難解的繪畫，就先掛在還沒清理的大腦倉庫的一面牆上，不時早晚欣賞思索一番。有一天，突然明白了，我們知道那幅畫是掛倒了，放好位置；又有一天我們找到可以和這幅畫相配的一張桌子，然後找到一張舒適的椅子，畫旁擺一束鮮花，那個在倉庫裡本來最陰暗，最沒有意義的角落，就成了我們最自在，最能綻放光彩的一個去處。

然後，再有一天，我們能力夠了，就可以在那幅畫旁開一扇窗子。這個窗子一方面引進光線，讓我們有足夠的精神進一步清理倉庫更大一塊面積；一方面又在呼喚我們探望窗外的草地，思考如何在那裡開闢一個像是馬德里皇家植物園的那種天地。

這是一種裝潢的樂趣，一點點採購，一點點潤飾的樂趣。

如果懂得這樣一步步裝潢、改造，我們就知道不但可以終將有一座記憶的宮殿可待，也終將可以把自己裝飾出一種不同的光彩。

當我們逐步建構出自己記憶的宮殿時，我們胸前掛的那個隨身碟就不再只是一個叫作「大拇哥」的東西，而是從我們記憶之宮裡取出的一個耀眼的飾品——一顆鑽石般閃亮的胸針。

■

西方心像記憶法的摘要

● 使用的人必須先在心中構思許多空間，然後把想要記下來的事物形成影像，與這些空間聯想起來。西塞羅說，這些空間，就像是一片蠟版，而要記下來的影像，就像是要寫在上面的文字。蠟版可以一直保留，但要記下來的影像，則可以隨要記的內容之改變，塗了再改。

● 為什麼使用這種方法便利記憶？利瑪竇在《記法》中的解釋是：「初則似苦於繁難，不知安頓得法，井井不混。且取象既真，則記含益堅。布景既熟，則尋亦易。是以初記似難，而追憶則易。何者？譬負重物，用力必艱。若載物於車，引之而行，不因車之益繁而加重，祇覺力省而運捷，益有所賴也。」

● 構思空間，利瑪竇的《記法》中提醒一些需要注意的重點：
1. 空間有小有大。小則只是構想一間屋子，中則構想一座樓房，大則構想重重相連的大片樓閣，都可以。看自己的需要而定。
2. 就單一空間而言，不能太窄小，但也不要太寬闊，以免空洞。
3. 空間要安靜，不要嘈雜。
4. 光線不要太暗，但也不要太亮。以免心像隨光而散。
5. 空間要整潔，質材要精美。人都有重視珍寶之心，所以金銀、玉石、玻璃、水晶等要交互使用。
6. 空間的行進途徑上，路要平順，沒有障礙。相連的樓房不要間距太遠。
7. 空間安置好之後，就不要再隨意更動。

● 對於空間裡活動的人物，有些要點如下：
1. 要生動有致。不要只是坐在那裡或睡在那裡，以免其像死板，易遭遺忘。人物要「或笑，或歌，或號，或泣，或手舞足蹈……或骯髒以雄談，或撐耳沉吟」等等。
2. 人品身分不同，衣著也要懸殊對比。有的人紫貂狐白，珠寶燦爛；有的人則要衣衫襤褸，敗絮畢露。
3. 相貌身材要肥瘠短長，越是奇偏，越是可喜。
4. 怪異、突出之相要多一些。羅馬時代的昆提連這麼說明：「只要我們賦予他們絕代的美貌或無比的醜陋……他們就會變得更加鮮明動人。而如果我們通當地毀損他們的外貌，如果其中一位全身沾滿血污或塗滿泥巴甚至抹個大紅臉，則他的形象會倍增魅力。」利瑪竇則舉例說這些怪異之相可以「如人有三頭六臂……龍有九尾，獸有兩翼，蛇有四足」等等。

● 器物，可以和設想的人物相搭配，以便相互聯想，方便記憶。譬如要記一個書生，就給他配上筆墨；反過來要記金鼓旗幟的時候，則配上將帥。

● 如何透過在空間中的行進，來憶起想要記的事物，除了前文所講過的例子之外，還可以看看史景遷在《利瑪竇的記憶之宮》裡講的另一段例子：
「讓我們設想一位現代的醫科學生，面臨著一場考查她在骨骼、細胞和神經方面的掌握情況的口試。這位學生的腦海中有一座記憶之城，各行政區、街道以及小巷、房屋都井然排列，儲存著她迄今為止在學校中所學到的全部知識。但是現在面對著考官，她對歷史、地理、詩學、化學以及機械這些行政區漠然無視……」由於這個學生被問到的三個問題是：一，上肢各類骨頭的名稱；二，細胞在進行減數分裂時所經歷的前期；三，頭顱中通過上眼眶組織的神經的順序，所以史景遷描繪這個女學生接下來如何瞄準人體巷直奔而去，然後找到那棟叫作「生理屋」的三層樓房衝了進去。女學生先跑到二樓，看到一個身著鮮艷猩紅色上衣，騎著駿馬，馬後用手銬

鎖著一個發狂的人的加拿大皇家騎警；然後到一樓看到爐子旁邊站著一位非洲武士，武士抓著一個漂亮的女郎上臂，卻一臉厭煩的表情；然後她又跑到三樓，看到一張床上躺著一個全身赤裸的妖冶女子，女子拳頭中抓著一把撕碎的美元。這個女學生所需要的醫學術語答案，就都從這些影像中找到了答案。

● 學習心像記憶法的時候，教授的人不會詳細解釋如何建構這些空間，如何想像這些要記憶的影像，而只是講解幾個簡單的例子，然後由學習的人自我想像。這是因為心像記憶法強調每個人的記憶之宮都應該由他自己來建構，所以如果拿他人太詳細的例子來當範本，反而有違原則，不利自己記憶之宮的發展。（郝明義）

史上超強記憶達人

文—葉原宏

既號稱「超強記憶達人」，則其記憶力之強，自是當世所罕見。而這些人物也有絕大部分，是因為其驚人或駭人的記憶力而被史書及筆記小說所記錄。是因為他們的記憶力使他們成了書籍的記憶本身，是他們的記憶力完成了他們在歷史上的存在。

在《閱讀的狩獵》中，曾經提到民國第一大才子錢鍾書記憶驚人的故事。他記得在三十年前的北大圖書館中某一本書的某一章某一節的某一段裡讀過某一篇有趣的文章。這樣驚人的記憶力，在每一個世代裡固然是不多的，然而若將時間拉長來審視，則古今記憶力如此或甚而過之者，雖不至於汗牛充棟，倒也還不至於鳳毛麟角。以下便分門別類陳述這些因記憶超強而名傳千古的人物之事跡。

「最細」

記得最仔細，好比錢鍾書的例子一般。不只是記住有這麼一個如何有趣的故事，而且還記得他是在某個地方的某本書的某一段落裡。然而，這畢竟只是一則有趣的故事。北宋初期人陳彭年因為「博學強記」而被任命為定陵縣令，宋真宗曾突然問他：「墨智、墨允是什麼人？」陳彭年不假思索的答道：「就是伯夷、叔齊兩人也。」又問：「是在哪本書上看到的？」答曰：「《春秋少陽》。」於是宋真宗便派人去祕閣中取來這本書。陳彭年隨即讓那人在該書的「第幾版」（相當於今日書籍型態的第幾頁）中尋找，果然就找到了這條資料。然而，這畢竟只是一則隱匿的資料。

唐宣宗號稱強記，宮中那些清洗廁所、打掃庭院共為數上百的僕役，他見過一次就能記住他們的姓名及職責，當有某些事情需要處理時，他也都能準確無誤的說出：「叫某人來，派他去做某件事。」宦官宮婢們因此把他當成了神來看待。至於公文書上曾經提到的眾多刑獄卒史的姓名，他一看也都能記下來。然而，這畢竟只是幾百個人的姓名與職責。

同樣是宋真宗時人，學士杜鎬同樣是博學強記。凡是皇帝需要取書進行檢閱時，他一定先告誡取書的小吏，「某事在某書第幾行」，準確無誤；至於士大夫們寫書時有古事不明白的，一問他，沒有不能得到答案的。因而被當時人稱為「杜萬卷」。

南宋女大詞人李清照與酷好金石文字的丈夫趙明誠兩人皆博學強記，以至於每次吃完飯後，總要拿記憶力來做消遣娛樂的遊戲。遊戲規則是由某人先指著堆積如山的書籍，告訴對方「某事在某書第幾卷、幾葉、幾行」，以有沒有猜中來作為飲茶先後的判據。比賽的結果，或許是太有趣了，常常是兩人舉杯大笑，然後把茶都抖掉了，最後誰也沒喝著。

於是，我們可以知道：記得最仔細的，當屬杜萬卷、李清照、趙明誠三人了。

「最多」

記得最多，強調的是記憶容量的問題。前面提及的陳彭年、杜萬卷、李清照等人，當然也都算是記憶得相當多了，否則哪能就這麼隨意的就指出某事在某書的第幾頁第幾行呢！然而上文強調的是仔細，此處強調的卻是數量。那麼誰又是記得最多的人呢？

北宋道士楊大均精於醫術，能默背《素問》、《本草》、《千金方》，對於其中記載的藥名及分量，都能不遺漏任何一字。其中篇幅最少的《素問》，其字數就有七萬五千多字；就更別提，那成千上萬的本草藥性、主治用途及藥劑配方等劑量的知識了。

1084年，北宋神宗饒州童子朱天賜參加限年十五歲以下的童子科考試，「念《周易》、《尚書》、《毛詩》、《周禮》、《禮記》、《論語》、《孟子》凡七經，各五通（次），背全通（次）無一字少誤。」據統計，這些書共計二十八萬三千字左右。

同樣是北宋時期，詩人張伯玉，名重一時，因「一飲酒百杯」而被稱為張百杯，「一掃詩百篇」而被稱為張百篇。一日，一個自負記憶過人、喝酒舉世無雙的讀書人，央求朝廷上有聲譽的人幫他寫信引薦。張伯玉收到信件後，高興的說：「先生果然很博學多聞嗎！又能夠抗衡我的酒量。我老了，好久沒找到對手了，沒想到先生竟肯來羞辱我啊！」於是便命人準備酒菜，雙方喝了三十幾杯後，讀書人更是雄辯滔滔，而張伯玉則不為所動。不久，讀書人就不勝酒量，張伯玉才笑著說：「你果然是可取之人啊！然而酒量就只這麼點嗎！老夫當為先生獨自飲用啊。」於是又自己喝了數十杯，這才指著室中的四櫃藏書對讀書人說：「我已衰老又多病，狀

況大不如前了。今日所能記憶的，就只在這裡。先生試著隨便挑選一卷書，我為你背誦它。」讀書人應了聲好，便去櫃中選書，偶然間挑出了《儀禮》。《儀禮》因記載許多古代器物名稱，故既不好懂，自然也就不好讀、不好背。然而張伯玉卻又對讀書人說：「先生可以自行選擇任一段的開頭開始。」讀書人照辦後，張伯玉便順暢的接下朗誦，一字無差。讀書人驚駭拜服。

由此可見，儘管楊大均、朱天賜的記憶量已經夠驚人了，然而比起這不知有多少本書的四櫃書來，終究還是居於下風。因此，張伯玉可謂是記得最多的人了。

「最難」

記得最難，到底難在何處呢！記憶時，如果專心一致，比較容易將記憶對象牢固的嵌印在腦海中；如果記憶時，還須處理其他事情，甚至進行複雜的心智勞動，那麼在這種情況下還能記下複雜的東西，將是極為駭人的。這也就是所謂的難處，而這樣子的記憶最常見於棋類競賽活動中。

象棋是宋朝初期才逐漸發展完善的棋類，然而下類象棋的遊戲，卻在不久後便已出現。據《宋人軼事彙編》記載，文天祥是文獻上的首位下盲棋者。一日因夏日炎熱，他便與棋手周子善一同在黃土潭中浮淺兼洗浴，游著游著便在「水面以意為枰，行弈（下棋）決勝負」，越戰越樂，一直玩到天黑都未察覺。然而，儘管周子善絕非低手，這畢竟只是一對一的盲棋賽。

1995年，柳大華在北京同時與十九個人下盲棋，十八勝一和，是世界最高的象棋盲棋紀錄。然而，儘管這樣的成績已很驚人，但卻還非下盲棋的最高紀錄。根據《金氏世界紀錄》，矇眼下棋的世界紀錄是由科坦諾斯基所保持，1960年，他在舊金山的費爾曼旅館同時與五十六個對手下棋，締造五十勝六和的成績。然而，儘管這樣的成績已經很駭人了，卻還並非是最高段的境界。與圍棋每一個盤面有三百六十一種變化比起來，相伯仲的象棋與西洋棋，其一個盤面不過三十幾種變化。因此，儘管圍棋界在唐朝王積薪時已有下盲棋的傳說，然而除此外，尚未聽聞能下十七道或十九道圍棋盲棋者，但若能在每一次對局中將所有落子的先後順序牢記於心，那麼其難度絕對超越矇眼下西洋棋及象棋，而這也正是盲眼圍棋之所以如此困難的緣由所在。

然而，北宋時人圍棋國手劉仲甫，其能還遠不止此。他在還是碁待詔（陪皇帝下棋者）時，為能挑戰天下能手，而刻意在前往首都的路途中，在錢塘一地駐留了一段時間，每天只是與人下棋。十日來，未見敵手。於是他便開始打出寫著「江南碁客劉仲甫，奉饒天下碁先」的旗幟，並以價值三百兩的銀盆酒器當做賭注，想要誘出當地最厲害的棋手一決勝負。錢塘人一見這狂妄的旗幟，為一挫其威風，便邀集當地精於下棋者齊聚於城北紫霄宮中，湊足了賭注，並選出其中棋品最高的人，以作為劉仲甫的對手。翌日，兩人便開始對局，一開始下到五十餘子時，眾人都以

為持白子的劉仲甫很像要吃敗仗了；又下了百餘子後，仲甫的對手也以為快要下贏了，便開始數落起劉仲甫來，以為他太過誇大，並說：「現在局勢已判，黑子當贏得獎品了啊！」仲甫只是回答：「還早呢！」接著雙方又下了二十餘子，此時仲甫突然把整盤棋子都收了起來，一旁觀看的人都鼓譟說：「你這是想抵賴嗎！」仲甫卻不慌不忙的把手放下並對旁觀者說：「仲甫是江南人，小時候便喜歡下棋，一時好像有點成就，便被人推為國手。然而這幾年來，卻一直被人逼迫，想要舉薦我為翰林。但我心裡卻想著錢塘此地，精於此道的高人無數，是下棋者公推的一個關卡。因此想來這裡一會各位高人，如果僥倖贏了一著，那麼就可以繼續前往首都了。而因我在此地停留的十日裡，已經摸清了所經歷過的對手們的品次了！因此才敢打出這個標示，並非是狂妄僭越啊！」並開始將某日某人某局皆覆局，並指出其導致失敗的失著之處，如此覆了十幾局，旁觀者無不驚愕非常，心裡也開始對他產生好奇。於是仲甫這才開始覆這一局，並指出他剛剛下的最後一子將在二十幾步後發揮功效，以此推算，白子應該贏黑子不下十數路。眾人不信，於是等下到二十餘子時這顆白子果真發揮功效，局終白子勝黑子十三路。眾人這時才徹底服了。

由此可見，這「最難」的冠冕當由劉仲甫取得。

記憶 → 預測 ＝ 智慧
——活化你的腦！

你只記得你所理解的東西，因為只有理解，才能幫助新舊神經迴路之間互相聯結。

文－**洪蘭**

　　我的祖母不識字，她的一本帳全記在腦海中，時常翻出來唸，而且記得的都是不好的事——別人講她的壞話、對不起她的地方……。看到祖母這樣每天陰陰地過日子，使我覺得記憶力太好是件痛苦的事。後來長大，有機會跟她所罵的人見面，才發現事情並不是像祖母說的那樣，同一件事，另外有個版本，主角、背景、時間、地點都對，就是裡面的故事不同，唸了書才知道這叫做「選擇性記憶」。

　　人只記得自己要記的東西，而且記憶是個重新建構的歷程，每一次翻出來講，就重新經歷一次，在這個過程中，人會把自己的好

如何提高MQ

MEMORIZE QUOTIENT

圖·文－**蔡志忠**

時間以記憶的方式，儲存在我們的大腦。
人的一生，就是他所有記憶的總和。

轉換成
心裏裡的記憶

處放大，把對自己不利的刪除。到最後，說的人堅持是真的，但是可以跟事實相差十萬八千里。這是人類記憶的一大特色，也是人類最有趣的地方。

腦傷病人開展記憶研究

人的記憶可以分為內隱的或外顯的，或是叫做程序性記憶和陳述性記憶，這些名詞不重要，重點是它可以分成兩種，從病人身上看到它們的不同，可以保留一個，失去另一個，兩者相互獨立。

在沒有腦造影技術時，對大腦功能的了解，大部分來自腦傷病人的觀察。最早發現有兩種記憶的，是一位法國醫生，他在早上巡病房時，手裡藏了一個大頭針，與一位患有失憶症的女士握手，於是針刺痛了這位女士。第二天他再巡房時，這個女士雖然依舊笑著站起來歡迎他，卻怎麼也不肯再跟他握手了。這表示前一天的記憶仍然進入了她的大腦中，雖然她並不記得這件事，但大腦知道要避免再受傷。這

是我們第一次知道，記憶可能有不同種類。後來，1953年在加拿大的蒙特婁神經學院發生了一個因控制癲癇而導至失憶症的事件，這個病人被詳細研究了三十年，帶給我們很多關於記憶的新知。

這個病人叫亨利，因為癲癇嚴重，於是動了手術將不正常放電的大腦部位切除。手術後，癲癇好了，但是同時沒有了記憶，因為醫生把他左、右腦的海馬迴（Hippocampus）都切除了。於是，我們才知道海馬迴跟記憶有重大的關係。

後來實驗發現，若讓老鼠學會走迷宮之後，兩天之內將海馬迴破壞，牠將學不會走新的迷宮，且原來學會的也忘了。但如果在四天後才把牠的海馬迴切除，那麼新的學不會，舊的卻還記得。也就是說，海馬迴是處理記憶的工廠，卻不是儲存記憶的地方，老鼠在四天之內，把原來學的經過加工送到別的地方去儲存了，因此舊的記憶還在，但是新的學不會，因為工廠毀了。亨利也是如此，他開刀時二十七歲，但是開刀後，他只記得二十五歲前的事情，以後的就都忘了。

中間這段記憶加工的時間，叫作「固化」（Consolidation），好像手放在石膏盤中做個模，如果石膏未硬，便把盤子拿起來搖晃，手印壞了，自然就沒有成果，但是等到石膏硬了以後，隨便怎麼搬動，手印都還會在。新的記憶需要一段時間去被固化，目前研究發現這個固化的歷程是在晚上夢中時發生，如果不讓受試者作夢（可以讓他盡量睡，只是一作夢便被推醒），他的學習就會嚴重受損。

亨利可以跟人對談，事實上，初見他的人不會知道他有失憶症，因為他應對得體，有問有答，表

人的記憶是有感情的，非常恐怖或非常美好的事，都會深深烙印在我們的心靈裡。越是平凡無奇的東西，越是難以記憶。

終生難忘……

示他對東西的名稱記憶都還在。他也可以學新的技術，如彈鋼琴，雖然他每次都不記得之前曾經彈過，以為自己不會彈，但如果起個頭，他便可以接下去彈。所以從亨利身上，可以看到兩種相互獨立的記憶。

失憶尼克怎麼買咖啡

1962年美國聖地牙哥，有個海軍上尉名叫尼克，他是奧林匹克西洋劍的代表隊，有天在練習時，不小心被劍從眉心刺進了大腦，受傷地方正是海馬迴，從此尼克得了失憶症。他原是非常健康的人，不像亨利有癲癇，研究者不必擔心大腦會因癲癇而有所改變，因此，尼克是比亨利更為理想的研究對象，他所有記憶的缺失都可以歸因到那個腦傷之上。

從尼克身上，我們看到聰明才智並不在記憶上，尼克沒有了記憶，但他IQ成績不變，依然是個很聰明的人。台灣有很多父母一直要送孩子去上記憶補習班，他們完全不了解：如何使用記憶才是致勝的祕訣。光是記憶本身不重要，因為有很多輔具可用，如紙筆、電腦、手機都能幫助記憶。尼克沒有了長期記憶，但是他會想出很多方式來幫助自己順利度過一天。比如給他一毛錢美金，請他去地下室的販賣機買一杯咖啡上來，他拿到錢後，會嘴中一直複誦「一杯咖啡，一杯咖啡」，他知道如果把訊息一直保留在工作記憶（Working Memory）中，就可以記得住。

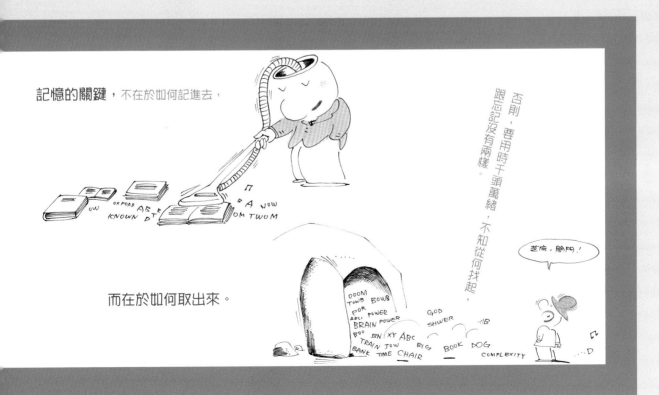

記憶的關鍵，不在於如何記進去，

而在於如何取出來。

否則，要用時千頭萬緒，不知從何找起，

跟忘記沒有兩樣。

但是如果你趁他在等電梯時，拍他肩膀一下，跟他打個招呼，這時，因為他的注意力移轉到你身上，同時你對他說「嗨，尼克你好嗎？」這幾個字把原來儲存在他工作記憶的字趕跑了，他就忘記站在電梯前是為了什麼。但是因為他有智慧，他會推理：「我手中握著一毛錢，必然是要去買東西。」於是就按了地下室的電梯鍵，因為醫院的地下室通常都是販賣部。到了地下室，他會逐一地看販賣機，看什麼東西是一毛錢可以買到的。一杯咖啡剛好一毛，因此他就會投幣買一杯咖啡。但最後因為他不記得是別人要他買的，就自己一口喝乾，很高興地上來。

從尼克身上我們知道，智商不因失憶症而變，人格也不因失憶而變，他失去的是一般性的事件記憶而已。然而，強烈的情緒可以穿越這些屏障進入他的長期記憶。1963年11月22日甘迺迪總統被刺，那天尼克在電視機前看到了，當場淚流滿面，後來每年的這一天，他都會固定地坐在電視機前。雖然他受傷是在總統被刺之前，但是這件極度難過的事仍進入了他的記憶。

同步發射的神經迴路

尼克使我們對記憶的了解又往前推了一步，等到後來有誘發電位（ERP）、正子斷層掃描（PET）、核磁共振（FMRI）腦造影技術以後，便可看到大腦線上的工作情形，記憶的謎慢慢被解開。但是對於記憶，我們不只想要知道它在哪裡處理，最主要是想知道它內在的神經機制。

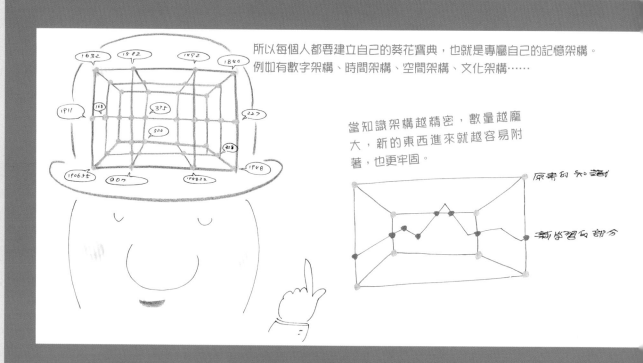

所以每個人都要建立自己的葵花寶典，也就是專屬自己的記憶架構。例如有數字架構、時間架構、空間架構、文化架構……

當知識架構越精密，數量越龐大，新的東西進來就越容易附著，也更牢固。

原來的知識

新學習的部分

在大腦中，一切是電和化學，大腦所認識的只有神經發射的形態。雖然眼睛看到的是顏色，耳朵聽到的是聲音，但其實視覺和聽覺訊息進入大腦後都變成相同的神經訊息（動作電位），就像每個國家有各自的錢幣，但是進入台灣後一定要換成爲台幣才能在台灣使用。

神經訊號傳遞的訊息不是由訊號本身決定，而是由訊號在大腦中所走的通路來決定。也就是說，在聽神經上跑的訊號會讓我們覺得聽到聲音，在視神經上跑的訊號會變成我們看到的東西。所以神經迴路的形成和連接最重要，大腦依特定神經通路來分析和解釋進來的電訊，這些電訊也會決定神經的連接。加拿大神經學家海伯（Donald Hebb）說過一句名言：「記憶是同步發射的神經迴路。」一同發射的神經元會連接在一起（The neurons that fire together, wire together.），這就是有名的海伯定律，也就是記憶最基本的神經原則。

了解這個機制，便可明白記憶與有效學習的關係：當眼睛看到一個新的東西，大腦枕葉視覺皮質的各個層次細胞開始做所謂的型態辨識（Pattern Recognition），初步辨識形成後便往上送，去與儲存在顳葉或頂葉的聯結區型態相比對，這是由下往上（Bottom-up）的機制。此時另外一個從上而下（Top-down）的機制也馬上運作，就是，根據最初送上來的一點訊息，立刻從資料庫中找出誰最有可能符合這些初步特性。

由下往上和由上往下兩者是交互作用，通常由上往下更有力量，所以如果我們預期看到什麼，常

記憶時一定要有系統。如果把一根鑰匙放進一個裝滿鑰匙的抽屜裡，一定很難再找到。但如果放入的是一串鑰匙，並且做上記號，以後要找就很簡單。

會誤認跟它相似的東西。這個歷程發生得非常快，在大腦中都是以毫秒來計算，尤其臉部表情的辨識，千分之二十秒內便知來者善不善。這麼短的時間，臉部細節都還沒有分辨出來，但是演化的規則知道，等你分辨出來可能就來不及了。因此，由上而下的後天認知經驗，占了智慧的絕大部分。

記憶術補習早就過時了！

最近有人提出智慧是個「記憶—預測」的理論，意即靠著記憶中的訊息去作更好的預測，才是人類智慧的精華。神經科學過去對「地點」（Location，也就是某個大腦部位）的重視，已漸漸被功能性整體的模式所取代。其實，任何一個作業都有全腦的參與，例如，看到一張臉，視覺皮質和右邊的梭狀迴（Fusiform Gyrus）努力工作，在完成眼睛、眉毛、五官的辨識後，把這些資訊送上去與過去在哪裡見過這張臉的訊息搭配起來，於是想出他的名字。所以海馬迴會活化，顳葉會活化，這個人過去對你是友善還是不友善，會使邊緣系統的杏仁核也活化，最後前腦作出判斷，決定今天要怎麼跟這個人應對。

過去知識的網路對新進知識的定位非常重要，必須使新的和舊的掛上了鉤，舊的神經迴路在活化時連帶也活化這個新加進來的迴路，這個新的知識地位才穩固。就好像你新加入一個團體，如果每次別人出去吃飯都會找你，你就知道自己被接受了，久而久之就成為死黨，人家講到他就會想起你，講

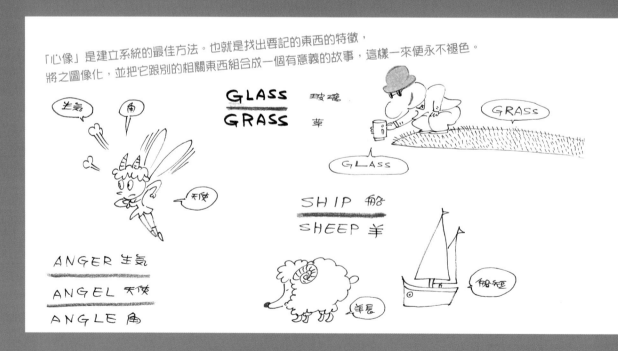

到你也會想起他，這時這個記憶就完成了，因為已緊密聯結了。這樣說來，我們就知道為何過去死記的方式沒有用，因為基本上，我們只能記住我們理解的東西，而且理解才能幫助這個神經迴路與別的神經迴路相連。相連必須有一個共同點，就像搭火車要換車時必須兩條鐵路都經過某一點才換得成。

常走的神經迴路會變大條，電流通過的速度會變快。就好像如果從 A 市到 B 市的幹線搭車的人很多，鐵路局調配的車廂節數就長、班次也多，A 到 B 的速度就越來越快；但如果有一天，B 市沒落了，人口往 C 市去，那麼 A 到 C 的鐵路就會因應需求而增多增大，往B的鐵軌慢慢就埋沒在荒草中，不經人指點，不知那裡曾經有條路。所以大腦一定要用，有用才有生機。

目前我們台灣還非常看重死記的記憶，許多補習班在教記憶術，那真的是已經過時了。記憶術在一千年前沒有紙筆等輔具時可能很重要，但現在絕對是理解力重於記憶力，所以不必去訓練孩子的記憶力，而應該利用那個時間去啟發孩子的興趣。有興趣才會去思考；有思考，神經才會連接；神經連接得密了，才會舉一反三；舉一反三才會有創造力，創造力才是二十一世紀的競爭力。

記憶力強不等於聰明才智

過去對記憶的迷思因科技進步而打破，我們了解到記憶的本質，也了解遺忘的必然。沒有遺忘，記憶就變得沒有意義。記憶力強的人其實很痛苦，歷史上有好幾個過目不忘的人，尤其是俄國的盧瑞

當大腦的檔案櫃建立好，就可以將要熟記的東西分門別類放入櫃中。
經常拿出來使用，就會記得它是放在哪一格，將來輸出也就很容易。

亞（A. Luria）曾經長期追蹤過一位記憶超強的俄國記者，這個人只要看一眼，十年後可以一字不漏地背出十五個字母和數字很長的方程式。但是他一生一事無成，因爲舊的記憶常常出來干擾他，使他最後很感慨地說：「遺忘最大功能其實是幫助你記憶新的東西，使你的日子可以過得下去。」

祖母的記憶或許並非天生就這麼好，但因爲她幾十年來不斷地炒冷飯、翻舊帳，使這些神經迴路非常緊密地連接，也變得非常大條，因此一點小事就會勾起她的回憶（新的和舊的神經迴路連上了），而越常回憶這件事，這件事就越容易被勾起，惡性循環的結果是恨恨地過了一生。所以，上天給我們一個選擇記憶的法寶，如果你選擇記住愉快的事，日子便容易過下去了。

記憶力不是聰明才智的要件，現在我們知道，所謂的聰明才智是神經連接的密度，是預測未來的能力。要促使神經活化、連接緊密，其實沒有別的方法，多聽、多讀，多接觸新的事物就可以了。人腦是個寶藏，十兆的神經元可以有一百兆的神經連結，好好用它，使它靈活，它可以上自天文，下至地理，帶你遨遊宇宙的奧祕；把它拿來死背，使它僵化，它不過是一團三磅重的漿糊罷了。上天很公平，每一個人頭裡都有一個腦，每個腦內的神經元都比我們實際需要的多得多，你怎麼用它，會決定它以後怎麼被你所用。　　　　　　　　　　　　　　　　　　　　　　　　　　　■

本文作者爲中央大學認知神經科學所所長暨陽明大學神經科學所教授

記憶是一門學問，每個人應該經由自我訓練，及早找出最適合自己的記憶方法，並善用記憶資料去思維創造，以達成一生中所要面臨的一切事物。

本文作者爲漫畫家

爲何會感覺「似曾相識」？

許多人去到某個地方時有「似曾相識」（De ja vu）的感覺，好像曾經在夢裡去過，有人會因此而害怕，不知道是否是前世今生或是什麼預兆。其實，如果了解夢的機制，這個現象就不難解釋。

夢的影像是腦幹在速眼運動（Rapid Eye Movement, REM）時，自發性產生的帶有感覺的訊息。我們在作夢時，眼睛雖然閉著，但視覺皮質卻是活化的。因為平常視覺皮質所處理的是眼睛送進來的外界刺激，而外面自然界是彩色的，因此夢也是彩色的（如果是盲人，尤其是天生就盲的人，他們的夢就缺乏影像、場景，多半是觸覺或聲音，而且作夢時眼球也沒有什麼跳動）。

我們的眼睛所看到的東西，其實遠超過意識界所能處理的範圍。心理學很早就發現到注意力是個瓶頸，只有某些訊息被意識注意到，那些沒有進入意識界的訊息就進入了潛意識。也就是說，潛意識裡的是我們有看到、但不知道自己有看到的東西。當晚上作夢時，白天發生的事被拿出來整理，所有曾經看過的東西都有在夢中出現的機會。因為我們平日生活的環境其實非常相似，上班、上學、買菜幾乎都一成不變，而夢會隨機拼湊白天所看到的影像，因此，「機率」（by chance）本身會組合成某一個景，如果我們在快要醒來時作了夢，恰好記住這個景，有一天在生活環境中看到了，就立刻產生似曾相識的感覺。

夢境中的東西一定是白天有經驗過的，一個沒有看過汽車的非洲人，怎麼夢都不會夢到汽車。有一個小男孩，晚上睡到一半時突然爬起來夢遊，雙手揮舞做出很奇怪的異國風情動作，結果第二天父母去學校參加懇親會，發現孩子昨晚的奇怪動作正是學校表演的一部分，他扮演太陽，所以雙手才會那樣動。

機率是一個很奇妙的事，機率常將你想不到的事放在一起，作出奇怪的組合，如果仔細分析這個似曾相識的夢，裡面的片斷其實都是曾經出現過的影像。

至於視覺刺激無法全部被處理、有一部分進入潛意識的研究證據很多，基本上，這也是我們直覺的來源。當我們以為直覺就是自己的偏好時，其實是大腦對曾經看過的東西的判斷。最有名的例子是：有一個實驗要求美國大學生判斷喜不喜歡某個中國字，這些學生都不認得中國字，因此都以為自己是隨機按鈕作判斷。但是實驗者在某些中國字出現前的千分之三十秒先出現一個笑臉，雖然三十毫秒非常短，短到受試者根本沒有感覺到有東西出現，但是大腦卻看到了，因此，受試者判斷他喜歡這個中國字的機率立刻從原有的50%升高到78%。實驗者又把這個實驗反過來做，將同樣的中國字配上哭臉，受試者就會傾向於按不喜歡。所以訊息不需要進入意識界就能左右我們的判斷。

最後，為何作過的夢都記不得，這是因為大腦在REM時缺乏將短期記憶轉為長期記憶的單胺類神經傳導物質，尤其是血清張素和正腎上腺素。這兩個跟記憶與情緒有關的神經傳導物質在速眼運動睡眠時大量減少活動，沒有它們的參與，記憶便不能保存。也因為如此，「頭懸樑、錐刺骨」的讀書方式是無效的，因為單胺類是在第四階段睡眠時補充，所以人在疲倦時，是「有讀沒有進的」。

（洪蘭）

記憶最遠到哪裡？
——從前世今生談起

無窮的累世記憶宛如地層，離我們越近的前生，就像越靠近地表的地層，越容易浮現。

文‧圖—洪啓嵩

生命的記憶到底有多深？多遠？是否能跨越前世？電影《第六感生死戀》（*Ghost*）中，男女主角跨越陰陽兩界的生死戀情，讓無數男女熱淚盈眶。生命的記憶果真能穿越時空？人死之後的生命記憶又占有什麼樣的地位？生前的記憶和死後是否有著密切的關聯？

我們看大部分的鬼片，發現鬼幾乎都穿著古代的服裝，而許多人看到已故的親人回來，則都是穿著生前常穿的衣服，以熟悉的模樣出現。

有的鬼魂會在生前常出現之處徘徊，如小說《陰陽師》中就曾描寫在皇宮內吟唱和歌的大臣鬼魂。其中很多鬼魂都以爲自己還活著，或是拒絕接受自己已經死亡的事實，徘徊在生前的空間，不願離去。

另一種則是臨死前的記憶太過驚慌痛苦，強烈到使其死後仍不斷重複同樣的情境。有一則日本的誌異，記載一處曾發生過慘烈空難的地區，夜晚經常有民眾看見當時的慘烈哀號情境不斷在現場重演。這種難以抹滅的

強烈生命記憶，使其困在其中無法得脫。

留連人世，雖死猶生

《聊齋》中有一個故事，把這種記憶推展到一個層次。

〈葉生〉講淮陽地區有一個書生姓葉，文采冠於當時，可惜考運不好，屢試屢敗。有一位地方官丁公，非常賞識他的才華，就請葉生到官署擔任文書，並常賜錢穀幫助他全家的生活。

有一年，又逢科試，葉生應試，沒想到又落榜了。葉生非常懊喪，加上自覺辜負丁公知遇之情，回家後竟然一病不起。丁公就親到他家中去慰問。不久之後，丁公任期到了，要回到故里，於是寫信給葉生，看他是否願一起回故鄉發展。

送信的差人將信送達，葉生看了信之後，在病榻上持書啜泣，告訴差人請丁公先出發。

過了幾天，丁公接到門人通報葉生已至，丁公非常

歡喜，就和他一起回到故里，並讓自己的孩子以師之禮事奉葉生。過了不久，葉生參加闈試，竟高中亞魁。丁公心想葉生離家也有一段時間了，問他是否回故鄉看看。葉生不肯，丁公也不忍心勉強他。後來葉生與丁公入於王都，應試連連報捷。

於是丁公就勸葉生，應是衣錦還鄉的時候了。葉生這次也歡喜的選擇吉日出發返鄉。回到故鄉之後，看見家門蕭條，心中非常悲傷。而他的妻子出門看見他，竟嚇得驚駭而走，躲在遠遠的地方。葉生說：「我現在富貴了，才三四年不見，難道你不認得我了嗎？」他的妻子發抖得回應不清，邊流淚邊說：「你已經死了很久了，因為家貧子幼，沒錢埋葬，你的靈柩到現在還停在家裡啊！」

葉生聽了無限惆悵，慢慢走進家中，一看見自己的靈柩，整個人忽然撲地而滅。葉妻驚訝地上前一看，他所穿戴的衣冠、鞋子就如同蟬蛻一般，葉妻傷心欲絕，抱著他的衣冠痛哭不已。

這是一個不知自己已死的鬼，還像活人般生活了數年的故事。

遠古潛意識的呼喚

前世的生命記憶真的存在嗎？

不說別人，希臘先哲柏拉圖就相信，他相信靈魂有別於肉體而存在。因此這一世我們所有對事物進行的認識，都只是在進行一種重新回憶，這段論述，在他的《斐多》裡，借蘇格拉底臨死前的泰然自若做了最生動的解釋。這也提供了我們對生命記憶更深層的思索。

事實上，人類的細胞中存有著四十億年來生命演化的殘留、集體宇宙潛意識的痕跡，以及一百五十億年，乃至無窮時劫[1]的宇宙發展紀錄。人類大腦的進化就是一個最好的例證。我們的大腦是依著爬蟲類的大腦，乃至更原始的基本生命型態，再逐漸進化而來，所以存有著

原始動物本能的記憶與夢境，承載著太古洪荒的生命集體意識。

而這無窮的累世記憶，就猶如地層結構一般，層層覆蓋，離我們越近的前生，記憶越清晰，就像越靠近地表的地層，越容易浮現。

為什麼我們對前世的記憶會遺忘？

這是人類生命在建構人間倫理時，以今世為重心的生命觀。為了保護這個結構所成的生命自我防護機制，它把許多生命的牽葛切斷，將許多無限的假設化約來處理，以此來確立整個人際、人間的倫理。

催眠與前世記憶

現在最流行看到前世的方法，是利用催眠「回到前世」。透過催眠等方法所得知的前世是否真實？這是很值得深思的。

現代催眠術起源於法國，但有趣的是，因為法國早年做過不少有關催眠回憶的研究，所以對催眠下的陳述是否確為事實，仍採取保留態度，而僅是將其定位於醫療技術。

我們可以用電視接收訊號而形成影像，來說明催眠所看到的「前世」。我們自身像一個電視，可以接收無數個頻道，但是如果沒有足夠的定力，就好像沒有定頻器一樣，無法定頻，影像不清楚，只是雜亂的重組與詮釋。

催眠運用在治療上確實有極大的成效，但是如果將這種過程中的陳述魯莽的認定為客觀的事實，並不恰當。被催眠者自身、催眠師的引導及所使用的藥物，三者都有很大的影響。

當然，在被催眠者自身的描述中，可能有真實的成分，但也許只占了百分之一，其餘百分之九十九是跳來跳去，是極不穩定的影像。

而我們今生所看過、聽過，乃至幻想的一切，在催眠的誘導下都會重新浮現。這些跳動的訊息，經由受催

眠者本身重組，再加上催眠師的暗示、引導，要創造一個，甚至無數個前世，都不是什麼困難的事。

空白記憶重新回復

其實，大部分的人都有「記憶回復」的經驗，只是並未到達前世。小孩子「收驚」就是個例子。透過某種宗教儀式，將他遺落在某個地方的部分神識召回來，這是一個將遺落在某處的生命記憶喚回的過程。

我自己個人也有這方面的經驗，一次是在1983年，我在深山閉關的時候，身心處於甚深的禪狀態，於是很清楚的憶起了幾年前的事情，甚至小時候早已忘記的事情也想起來了。不僅是事件本身，連做這些事情時背後的心念都很清楚。

另一次的經驗是1990年，我發生了一次很嚴重的車禍，當時我騎著機車，被逼到快車道，這時停在前面的車子車門忽然打開，我就被撞飛出去。人還沒落到地上，另一輛正疾駛過來的車子又撞上我，把我拖在車底下滑行了一百多公尺。當時我被送到醫院已經昏迷，醒來的時候，只知道自己發生車禍，但是從被車撞到被拖在車底，這段記憶都是空白的。

經過一段時間之後，有一天我走進一家銀行，當初我就是在這段路上發生車禍的。當我一踏進銀行，一瞬間，很微妙的，我的腳底開始發熱，那段我被車撞到，在車底下被拖行，身體迸出火花的記憶，馬上完全浮現出來。這段遺落的生命記憶，在此處重新回復銜接上了。

或許這和我長期的禪定修持經驗有關吧！

了知前世的「宿命通」

什麼樣的能力可以真正看到前世的記憶呢？

真正要回溯到前生的記憶，必須要有能進入細胞深層的技術，才能控制定頻開關，轉到想看的頻道，這必須透過自覺的過程，自身具足禪定的能力，而非只透過催眠就可以達到。

這種特別的能力在佛教中稱為「宿命通」，能了知自身及他人過去世，乃至久遠的時劫之前是何種生命。在佛教的經論《集異門足論》卷十五中說：「能隨憶念過去無量諸宿住事，謂或一生，乃至廣說，是名宿住智證通（宿命通）。」

在神通的體系中，佛教有極為清楚完整的理論體系、實際的技術及檢證過程，以及嚴格的運用原則，平常是不能隨便使用這種能力的。

在前世的記憶裡，還有另外一個讓人好奇的問題：我們的生命記憶最遠可以到達哪一個前世？或是具有神通能力的人，最遠可以了知別人多久以前的前世？

在佛經中有一個故事，可以說明不同的神通能力所能看到不同的極限。

佛陀停留在祇園精舍的時期，某一天清晨，佛陀與大弟子舍利弗在園中散步。當時有一隻鴿子被老鷹追逐而躲到佛陀的影子裡，於是佛陀就叫舍利弗觀察這隻鴿子的宿世已經作了幾世鴿子？多久以後會脫離鴿身？

舍利弗以神通觀察，發現這隻鴿子上輩子乃至很久的時劫以前，仍然是鴿子，但再往前就無法觀見了。他又觀察這隻鴿子的未來世，發現這隻鴿子的來生，乃至久遠以後皆未能脫離鴿身，再往後就不得而知。

佛陀於是告訴舍利弗，這隻鴿子除了方才他所觀察到的一切之外，將來還會在很長的一段時間常作鴿身。何時出脫，何時投胎為人，何時開始修行，何時開始發心，何時成佛，何時入滅，佛陀都能一一清楚的了知。

舍利弗是佛陀的出家弟子中智慧第一者，雖然他可以觀察到非常久遠的時間，仍然有限制。和佛陀的神通力相較之下，就如同小兒與大人的能力一般，無法相比較。

神通需有足夠智慧

在佛法中對神通的境界有所謂的「通」和「明」的分別，前者雖然能看到現象，卻無法理解現象背後形成的因緣。而「明」則是既能看見現象，又具有智慧，能了解為何會形成這種現象。以「宿命通」為例，有「宿命通」的人只能看到過去世的現象，卻不能了知為何如此。而具足「宿命明」者，除了能看到現象，更能進一步了知背後形成的原因，並具有完整的解說能力。

一般自稱能看到前世的人，不但能見的範圍有限，對許多現象也都解讀錯誤。佛經中曾記載著一個故事，有一個人天生就有了知前世的能力，知道自己曾輪番投生為天神，或投生在人間以屠羊為業。於是他認定自己能有投生為天神的善報，必定是由於屠羊而來，便更加賣力殺生，死後卻到地獄去了。原來他的宿命通只能看到前六世，卻不知道自己能投生為天神，及擁有天生宿命通的福報，是由於前七世遇見僻支佛聖者，生起歡喜心、善心的福報所致。只是他的福報先成熟，殺生的惡業尚未成熟，而先受用福報。

這個故事也點出了許多自稱能看到前世者的問題，姑且不論其看到的前世訊號是否穩定、正確，只是看到一些靈異的現象，如果沒有足夠的智慧，做了錯誤的詮釋，很可能誤入生命的歧途。

對前世今生記憶的探討，讓生命不再局限於此生的時空。但是在這個過程中，無論是在事實的求證上，或是道德的抉擇上，都必須是非常小心謹慎的，不能魯莽行事。

擁有這種能力並非難事，重點在於：這種能力對我們此生的生命到底是向上增長，還是牽扯出更多難以面對的糾纏困境？畢竟生命是要以今生為主的。如果沒有足夠的智慧和定力，同時處於許多個前世的因緣中，很可能會人格分裂。這也就是為什麼真正高明的修行人都不會隨便告訴別人前世的因緣。

事實上，要知道前世如何，看看我們今生的果報就可以了解了。同樣的，要知道來生會如何，則看今生的努力了。　　　　■

本文作者為作家

註1 劫：佛教中的時間單位，指很長很長的時間，大約是一座高山自然風化消失，夷為平地那麼久的時間。

Maps

一個有待補充的筆記　編輯部

中國與記憶相關大事紀

前2697至前2599，相傳黃帝史官倉頡造字。
而在文字出現之前，古人則以結繩結的方式來輔助記憶。

古人認為活得越久的生物其所能記憶與經歷的事物便越多，因此其智慧越高，
所以在卜筮之時獨用蓍草與龜殼，其用意正在於這兩物皆歷時久遠的緣故。

前十四世紀末到前十一世紀中葉，殷商時代刻在龜甲以及牛肩胛骨上的「甲骨文」，是
今天能看到的中國最古的文字。

群經之首《易經》將宇宙萬物分為陰陽兩類，陰陽又最終演化出八
卦；而《尚書》則提出五行的概念。這些分類的思想既與
漢字的構造形式互相影響，同時也是加強記憶的
有效方式。

商周時期，青銅器上出現鑄刻文字，後稱
「金文」，又稱「鐘鼎文」。周宣王的史官史
籀，把這些文字整理成十五篇《史籀》，用來
教學童識字，這些文字被後人稱為「籀文」，又
稱「大篆」。

齊桓公任用只會背「九九乘法」的薄能者為官，以
作為招來真才實能者的策略。

穆叔提出所謂的不朽，並非生命的永生，只有「立德、
立功、立言」才是真正的不朽。

孔子提出：「學而不思則罔，思而不學則殆。」主張記憶
與思考必須雙管齊下。

《黃帝內經》記載：「黃帝曰：『人之善忘者，何氣使然？』
岐伯曰：『上氣不足，下氣有餘，腸胃實而心肺虛。虛則
營衛留於下，久之不以時上，故善忘也。』」並稱「（春脈）
太過則令人善忘」，首次對健忘提出了醫學上的解釋。

句踐用臥薪嘗膽的方式，每日提醒自己復仇雪恥。

		夏		商			西周	
4000BC.	3000BC.	2000BC.	1200BC.		1000BC.		800BC.	

以歐美為主的其他地區與記憶相關大事紀

前3000年，埃及發展出象形文字。據柏拉圖在《斐德若》中說，
發明文字的是一位叫作圖提（Theuth）的神。而當時統治埃及的塔穆斯
（Thamus）對此的評語是：文字的發明無關記憶，而只是幫助回憶；無關智
慧，而只是智慧的表象——因為後人將虛耗光陰在許多無益的閱讀上。

早於埃及，前4000年左右，蘇美人在兩河流域發明楔形文字，是現存人類最早的文
字。腓尼基人，在前1200年發明出拼音字母。

前2500年，克里特文明達於高峰。前1400年，克里特文明毀滅。

前1000年左右，閃米人發展出阿拉米文字，成為日後希伯來文字和
阿拉伯文字的源頭。

文字的使用還不普遍的年代，吟唱傳誦是記憶的重要手段。
前八世紀左右，荷馬的《奧德塞》與《伊里亞德》兩大史詩
是吟唱記憶的重要代表。到前五世紀，希臘文字系統建
立，成為日後拉丁字母的源頭。

古希臘人非常崇拜記憶力，認為它是女神鈕茉辛
（Mnemosyne）的化身。鈕茉辛跟宙斯生下了九個繆
斯女神。「記憶法」（mnemonics）這個字正是由
此而來。

前蘇格拉底時代的西末泥德（Simonides），據傳
發明了利用「空間」和「影像」相結合的記憶
法。這個主要利用冥想與圖像的記憶之術，是
西方記憶系統的源起，和雄辯之術的發展有密
不可分的關係。到羅馬時代，由西塞羅等人
的不同流派的記述與闡發，而有了進一步發
展的基礎。進入中世紀，基督教與神學的發
展更進一步把這種記憶術發揚光大，阿奎
那的貢獻尤其鉅大。直到十七世紀啟蒙時
代之後，現代的知識分類系統才取代了
這一套記憶術。

孟子舉了弈秋教下棋的例子說明「專心致志」對記憶與學習的重要性，更舉了楚人學齊語的例子說明，環境之於語言學習的重要性。

《列子》記載扁鵲為魯公扈及趙齊嬰二人換心，扁鵲讓二人飲下毒酒並昏迷後，便進行換心手術，結果兩人的記憶也隨著心的互換而轉換，導致許多問題產生。可見古人認為心與記憶有關。

莊子曾提到：「夫忿滀之氣，……下而不上，則使人善忘；不上不下，中身當心，則為病。」並提倡「坐忘」之道。

商鞅、韓非等法家人士提出《詩》、《書》是使國家衰弱滅亡的東西，因而主張禁止國內人民談論這些書籍，是日後秦始皇焚書坑儒的根源。

蘇秦以懸梁刺股的苦讀方式，強讀《太公陰符》，用心揣摩，讀書想睡時便「引錐自刺其股，血流至踵」。幾年後，合縱政策終於被六國採納，蘇秦官配六國相印，顯赫一時。

信陵君因竊符救趙，而威震一時，臣下唐且便告誡他說：「事有不可知者，有不可不知者；有不可忘者，有不可不忘者。……人之憎我也，不可不知也；吾憎人也，不可得而知也。人之有德於我也，不可忘也；吾有德於人也，不可不忘也。」記憶與遺忘成了做人的道理。

《呂氏春秋》有「刻舟求劍」的故事。

前221年，秦國統一天下。秦始皇施行「書同文字」的政策，將六國文字統一為小篆字體。秦始皇並採納丞相李斯的建議，焚燒秦國歷史以外的書籍，只保留「醫藥卜筮種樹之書」，施行挾（藏）書律，禁止人民藏書。

先秦時期，諸子百家爭鳴，其中小說家雖為十家之一，卻被排除在九流之外，起因於小說家所記錄的東西不盡可信之故。

項羽焚書，使古文《尚書》失傳。漢文帝時，才由九十餘高齡的耆老伏生口述而出，是為今文《尚書》。漢景帝時，魯恭王壞孔子宅，於壞壁之中發現古文《尚書》等。而隨著這一發現，便形成了「今古文」之爭，也是人與書本記憶的差異所引起的爭論。

賈誼《新書》有〈胎教〉篇。

漢成帝時，命劉向、任宏等人校勘書籍，撰寫目錄。劉向死後，漢哀帝又命劉向之子劉歆繼承父業。劉歆將書籍分為七大類，開了圖書分類的先河。

漢武帝採納董仲舒建議，罷黜百家、獨尊儒術。

前91年，司馬遷因為替投降匈奴的漢朝名將李陵上奏辯護，而被漢武帝處以宮刑。後歷時18年撰成《史記》，是中國第一部紀傳體通史。

東漢和帝元興元年（105年），蔡倫上奏改良紙張成功，從此為天下所採用，被稱為「蔡侯紙」。

王充少時因「家貧無書」而「常游洛陽市肆，閱所賣書，一見輒能誦憶，遂博通九流百家之言」，記憶力驚人。

121年，許慎歷時22年撰成《說文解字》。

春秋　　　　　戰國　　　　秦　　　　　西漢　新莽　　東漢
600BC.　　　400BC.　　　200BC.　　　50BC.　0

前五至前四世紀，《舊約聖經》寫成。據書中記載，耶穌提出「知識的鑰匙」的說法。

波斯國王薛西斯（Xerxes I，前519-前465），記憶驚人，據說可以叫出他手下十萬軍士的名字。據說打敗了波斯軍的雅典領袖地米斯托克利（Themistocles，前524-前460）可以叫出所有兩萬雅典公民的名字。

蘇格拉底（前470-前399）認為人其實是無知的，只有神才是有智慧的。而神之所以是有智慧的，不在於他比別人知道得更多，而在於他懂得「自知其無知」。蘇格拉底因而藉由德爾菲神廟「認識你自己」來告誡人們要認識自己的無知。

柏拉圖（前427-前347）在《斐多》中認為，人的靈魂與肉體分離存在，因此不斷在轉世。而我們在這一世重新學習的許多「認知」，不過是在重新「記憶」。

亞里斯多德（前384-前322）認為固然人類的感官在記憶上各有作用，但是視覺仍然特別值得注意。因為人類的思考與想像，最重要的在於可以使用心中的圖像（mental pictures）。他著有《論記憶與追憶》等文。

前323年，亞歷山大大帝逝世，他的部將托勒密奪取埃及，是為托勒密一世。他建立了博學院（Museum），招來歐幾里德、史特雷波等知識分子。

前二世紀，小亞細亞的波加蒙（Pergamum）國王由於埃及禁止出口草紙，結果成功研發出羊皮紙。

二世紀，基督徒為了與異教徒閱讀紙草捲的傳統有所區隔，開始使用一頁頁裝訂成冊的書（Codex）。

西塞羅（Marcus Tullius Cicero，前106-前43）在《論雄辯》（de Oratore）中講述西末泥德的故事，並把心像記憶術進一步發展。羅馬時代同樣把記憶與雄辯及心像相結合的理論發展，昆提連（Quintilian，35-95）有相關著作。這些心像記憶術的重點，都是在心中建構大至相串連的宮殿城堡，小至樓閣之一角，然後把需要記憶的事物，與這些空間裡的物件相結合，如此當需要記憶的時候，只要遨遊一遍記憶之宮，就可以找出自己想要記起的事物。

魏廢帝齊王曹芳於正始年間（240-249）下令用「古文、篆文、隸書」三種字體刊刻經書，稱為正始石經或三體石經。石經，是礦物性的記憶體。

《三國志》稱王粲，默記道邊碑，「不失一字」。觀人圍棋，局壞，王粲為之覆局，「不誤一道」。日後便以「背碑覆局」來形容記憶力超強的人。

263年，司馬昭處死嵇康，嵇康臨終時嘆氣說：「袁孝尼嘗從吾學《廣陵散》，吾每固之不與。《廣陵散》於今絕矣！」可見這首名曲是出於口授，也因此隨著嵇康之死，此曲便告失傳。

葛洪在《抱朴子》中自稱「年十六，……自正經諸史百家之言，下至短雜文章，近萬卷。既性闇善忘，又少文，意志不專，所識者甚薄，亦不免惑」。謙稱博學的自己記憶力不好。

南朝宋劉義慶在《世說新語》中提到：「郝隆七月七日出日中仰臥。人問其故？答曰：『我曬書。』」郝隆成了第一個將曬太陽說成曬書的狂人。

南朝宋王淮之曾積極收集南朝舊事的檔案資料，從中習得許多朝廷制度，世代相傳，不傳外人，使子孫都當了大官。而因這些資料被他密封於青箱之中，因而被稱為「王氏青箱學」，是屬於家族間的祕密記憶。

史稱《博物志》作者張華（約230-300）「強記默識，四海之內，若指諸掌」。

446年，北魏太武帝下令：「諸有浮圖形像及胡經，皆擊破焚燒，沙門無少長悉阬之！」使佛教、佛書、僧人均遭到嚴重打擊。

范縝（450-515）提出「神滅論」並反駁因果說。

南朝梁周興嗣著《千字文》，依韻排列，每四字一句，共250句。內容包容萬象，便於學童記誦，成為兒童啟蒙讀物。

555年，梁元帝眼見西魏大軍將攻進江陵，於是便命令高善寶焚毀古今圖書十四萬卷，並說道：「讀書萬卷，尚有今日，是以焚之。」

顏之推著《顏氏家訓》，他認為學習應趁早，並對不同階段開始的學習情況作了一個比喻：「幼而學者，如日出之光；老而學者，如秉燭夜行，猶賢乎瞑目而無見者也。」

唐朝中期，琴家曹柔在漢朝文字譜的基礎上發展出減字譜。中期以後，工尺譜也在崑腔的基礎上改良而成，以「上、尺、工、凡、六、五、乙」七個符號為記譜符號。兩種記譜法的出現，使古代琴曲的流傳獲得了更好的條件。

三國	西晉	東晉	南北朝	
200	400		600	

273年，羅馬皇帝奧雷利安占領埃及，燒毀亞歷山大里亞圖書館。641年，回教徒占領埃及後，阿拉伯人奧馬爾下令焚燬圖書館最後的藏書，他的理由是：「這些書的內容如果是《古蘭經》已有的，那麼我們不需要去讀它；如果是違反《古蘭經》的，那麼我們不該去讀它。」總之，不用去讀它。

285年，戴克里先（Diocletian，245-316）將羅馬帝國分為東西兩部。303年，他發動了毀滅《聖經》運動，將一切搜出的《聖經》焚燬。300年，印度《瑜伽經》成書，書中將瑜珈定義為「對心作用的控制」。並提及一種「記憶娛樂活動」，認為靈修者若將注意力集中在奎師那的名字、形象、特性及娛樂活動上，就能使靈修者在初學階段便獲得奎師那的記憶。

313年，君士坦丁因皈依基督教，而頒佈《米蘭詔書》，開啟對基督教的寬容。並下令焚燒異教徒書籍，對圖書館與博物館進行大規模破壞。529年，拜占廷皇帝查士丁尼（Justinian I，527-565年在位）查禁柏拉圖學園，將許多知識分子流放到邊遠地區。基督信仰成為羅馬的主流價值後，原來的希臘思想、文化與知識，成為異教的代名詞，遭到鉅大的破壞。

395年，羅馬帝國分裂為東、西羅馬帝國。

512-513年，阿拉伯文字出現。650年，《古蘭經》以阿拉伯文字記錄下來。

七世紀，拜占庭帝國因喪失埃及，使羊皮紙逐漸取代紙莎草紙，古希臘作品得以更好的保存下來。

622年，穆罕默德逃到麥加避難，伊斯蘭教紀元開始。

634年，穆罕默德以區區三、四千人的軍隊起兵，在接下來的一百年間，回教建立了一個橫跨中亞、北非及西班牙的大帝國。而伊斯蘭教的東征西討與擴大版圖，也帶動了東西各種文化的交流。

八世紀中葉，日本人發明日文片假名、平假名。

719年，王維善彈琵琶，以演奏新曲〈鬱輪袍〉而被內定登第。精通樂律的王維，更曾依據畫中樂師的位置而判斷出畫中所演奏的樂曲及節拍，其文云：「人有得奏樂圖，不知其名。維視之曰：『〈霓裳〉第三疊第一拍也。』好事者集樂工按之，一無差。」神乎其技。

詩人李賀於平時攜帶一古破錦囊，一有靈感，便寫成便條投入囊中，回到家後，則將這些零散的記憶拼湊成一篇完整的詩作，被其母稱為「嘔心瀝血」之作。

《列仙全傳》稱鐘離權「前知五百年之事，後知五百年之事」。

唐朝初期至中葉，雕版印刷發明，是世界雕版印刷的開端，同時「頁碼及版本」的概念也已經出現。手抄書籍的方式逐漸被印刷術所取代，知識的傳播隨著複製知識的技術之進步而加速，「頁碼與版本」也開始使讀書人的記憶趨於精確化。

唐代佛教僧侶為了使信徒容易理解經文，以吸收更多的信徒，而採用說唱的形式以講經，是為「變文」，也是說書的開端。

北宋釋文瑩《玉壺清話》開始出現「掉書袋」的說法，形容人說話不管對象都喜歡引經據典，南唐時人彭利用便因此而被稱為彭書袋。

1084年，北宋神宗饒州童子朱天賜參加限年十五歲以下的童子科考試，「念《周易》、《尚書》、《毛詩》、《周禮》、《禮記》、《論語》、《孟子》凡七經，各五通，背全通無一字少誤。」據統計，這些書共計二十八萬三千字左右。

蘇軾提出：「故書不厭百回讀，熟讀深思子自知。」的說法。

1088年，《夢溪筆談》作者沈括退隱於「夢溪園」，書中記載當時人衛朴精於曆算，不僅「令人就耳一讀（曆書），即能暗誦」，且「令附耳讀之」便可指出其錯誤所在。甚為沈括所稱道。

北宋末年政府主持醫家編纂《聖濟總錄》，凡200卷，以宋徽宗名義頒行。書中設〈心健忘〉一章，指出「龜甲散」「治善忘」，並詳載其配方。

宋高宗（1127-1161在位）時期，三次禁絕私人撰著與收藏野史。

王應麟撰《三字經》，以三字一句、四句一組的韻文將文字概念加以組合，使兒童背誦時猶如唱歌一般，對記誦很有幫助。

李清照、趙明誠夫妻二人因記憶力強橫，而在飯後玩起有關讀書的記憶遊戲。

昭聖皇后、胡松年、張孝祥，史稱其人皆：「讀書過目不忘。」

陸游《老學菴筆記》記載「尹少稷強記，日能誦麻沙版本書厚一寸。」及肅王趙樞能只聽一遍，便記下三千餘字的唐人碑。記憶力皆堪稱驚人。

1298年，王禎改進畢昇的膠泥活字，創造了木活字。

唐		北宋		南宋	元	明
800		1000		1200		1400

768年，查里曼成為法蘭克國王，他因重視文化與教育，而請學者制定一種特別的加洛林書寫字體。每個字相互獨立，是後來羅馬體的源頭。查里曼大帝有鑑於各種手抄本書籍不免疏漏，並且以訛傳訛，為了正本清源，因此要僧侶鑒別出各種書籍最早最權威的版本，然後根據這個版本，用他所制定的加洛林字體，精心謄寫，並打上特殊標記，表示這是精確複製的版本。

984年，東漢靈帝時入籍日本的阿留王八世孫丹波康賴撰成《醫心方》，收錄之前的中醫精華，書中稱：「（鶺鴒）味辛平，食之令人善忘。」

1036年，圭多·阿雷佐（Guido d' Arezzo，約995-1033）在紐姆符基礎上，創立四線譜，完成現代音樂記譜法基礎。

1096-1291年，歐洲發起長達兩個世紀的十字軍東征，帶回許多阿拉伯世界所保留下來的希臘文獻，並學得火藥、造紙、印刷等技術與十進制阿拉伯數字等。

十二世紀，法國出現香水製造者公會。由於香水的專業化，以嗅聞為職業的聞香師應運而生。聞香師，一般需記憶六百種以上的香味。

十三世紀，基督教成立「宗教法庭」，以迫害任何宣揚不符合宗教教義知識的異端分子，直到十九世紀因此而死者達50萬人以上。同時，《聖經》的語詞索引，開始使用字序索引編目法。

阿奎那（1224-1274）引用亞里士多德的論述，把羅馬時代的記憶術做了進一步的整理。他在《神學大全》中多有敘述。

十三世紀，藏傳佛教開始發展出靈魂轉世的體制。十四世紀時，在創立黃教的宗喀巴手中趨於成熟，靈魂轉世取代了之前師徒傳承及家族世襲的財產繼承制度。上層僧侶死後皆可尋覓「靈童」，將此生的記憶及神通永續的傳承下去。

明太祖於元惠宗至正二十六年（1366年）下詔訪求遺書，以消弭儒士們對明朝的反抗聲浪。及天下大定之後，又興文字獄，以禁書生之口。

明成祖時，科舉考試統一以《五經大全》與《四書大全》做為法定課本，讀書人的記憶範圍被限定住了，程朱理學成了束縛讀書人思想的新武器。顧炎武就認為八股之害，比焚書還可怕。

明朝中葉以後，銅活字印刷發明。

何良俊在《四友齋叢說》中提及佛教六通，其中「他心通」能窺知他人心意、記憶，「宿命通」能知前世之事。

王士禎《古夫於亭雜錄》中有〈強記〉篇，記載顧炎武等人強記之故事。稱自己一日遇號稱強記的顧炎武，故意請他背誦古樂府〈蛺蝶行〉一詩，因「此篇聲字相雜，無句讀，又無文理可尋，最為難讀故也」。誰知顧炎武「琅琅背誦，不失一字」，於是嘆服。

1596年，李時珍耗時30年撰成《本草綱目》，書中記載「蘭茹、茯苓、白石英、遠志」等物可治善忘，而吃「貝子」則會使人善忘。

據《明史》記載，時人曾魯，七歲時便能暗誦五經，一字不遺；長大後，博通古今。記憶力驚人。

1582年，利瑪竇抵澳門，次年進入中國，前後居住27年而逝。利瑪竇在中國期間，除了以他西方帶來的各種知識（尤其是《坤輿萬國全圖》的地圖）而結交中國知識分子之外，他更以圖像記憶術快速學習中國文字與文化，而為中國人所驚嘆。利瑪竇著有《西國記法》，以中文傳授這套建造記憶之宮的方法。1623年，艾儒略撰《西學凡》，介紹歐洲辦學育才之法，是西方教育學傳入中國之始。

1668年，康熙關閉山海關，封禁東三省；咸豐十年（1860），此禁取消。

清聖祖玄燁於康熙四十九年（1710年）命張玉書等人編撰字典，歷時六年而成，稱為《康熙字典》。該字典是古代字書的大成之作。

1718年，康熙因天主教教皇敕令中國信徒不准祭拜祖宗，便下令把教皇派來的公使送到澳門監禁。到雍正時，更徹底把所有洋人都送往澳門監禁。中國自此與西方文化及知識隔絕兩百年。要到鴉片戰爭之後，才有所改變。

1400   **1500**   **1600**

佩脫拉克（Petrarch，1304-1374）在《我的秘密》一書中，藉奧古斯丁之口說：「你在唸書時，只要一發現讓你感覺刺激或令你的靈魂欣賞的絕妙字句，不只想憑恃你的智慧力量，一定要強迫自己用背誦的方法記住它們，並以思考來熟悉其內容。……只要看到似乎對你有用的段落，便畫下醒目的標記，這大大有助於你的記憶，不然的話，它們可能飛得無影無蹤。」

十五世紀，標點符號仍然未制式化，而大寫字母也尚未統一。學生為了快速作筆記並節省紙張而常使用縮寫，結果閱讀者除了必須按照發音來唸，也必須能夠分辨縮寫所代表的意思。最終導致拼法的不一致，使得同一個字可能出現數個不同的拼法。

1455年，古騰堡發明活版印刷術，使得書籍的出版與流通產生革命性的影響。從此各種語言的各種創作與思想都得以傳播，知識的定義與範圍巨變。印刷術的出現加上接下來的文藝復興，使得人文思想興起。中世紀與宗教信仰相結合的圖像記憶之術，逐漸受到質疑。伊拉斯謨斯（Desiderius Erasmus, 1469-1536）就不贊成記憶術，他認為：「雖然我不否認空間及心像可以幫助記憶……但最有效的記憶是基於三件最重要的事情，即勤學、戒律及謹慎。」

達文西（1452-1519）最早提出把人造鏡片直接放在眼球表面以矯正視力的構想。他對記憶的看法是：「我發現晚上躺在床上凝視黑暗時，在腦海中重複白天所學的東西很有用。這樣做不只幫助了解，也幫助記憶。」

1492年，哥倫布發現新大陸。

1497年，達伽瑪（Vasco da Gama）繞過非洲，找到印度。

1517年，馬丁路德發表「九十五條」，反對教會販售贖罪券，發動改教運動（Reformation）。

1522年，麥哲倫的船員完成了人類第一次環球一周的航行，證明了地球確實是圓的。

馬基雅維利（1469-1527）認為：「我們永遠不會知道過去的整個真相。」

1571年，庇護五世下令設立「禁書目錄部」，專門從事有關禁書目錄的編纂。教會不只頒發禁書目錄，而且著手燒書。

《蒙田隨筆》作者蒙田（1533-1592）自謙自己是世界記性最差的人，他並說：「當我重讀我讀過的書卷，重去我去過的地方，我總會像第一次那樣感到新鮮。」

笛卡兒（1596-1650）提出「我思故我在」。

修道士布魯諾（Giordano Bruno）將圖像記憶術做了歷史性的總結與大成。但是因為他所著的書中所提的空間想像，主要使用了充滿羅馬神像的走廊來做地點位置的座標，因而被教堂認為是瀆神的大不敬。後更因宣揚哥白尼的太陽中心說，而被教會活活燒死。

培根（1561-1626）提出：「人的知識和人的力量合而為一。」即知識就是力量、力量就是知識的概念。

歐洲史上第一次提出「聯想」一詞的人洛克（1632-1704）在《人類悟性論》中提出：「他無法在別的地方跳得很好，除非那口箱子或別的椅子也在那間房間，而且擺在適當的位置上。」描述剛學會跳舞的年輕人受到情境記憶左右的例子。

陳康祺《郎潛紀聞》，書中有〈強記之法〉，詳述張稷若強記之道，及其自身經驗，並稱自己年少時「不依此法行之，汎覽健忘」，終無所成。

張椿（1779-1846）首次將工尺譜記譜法附於減字譜之中。因為他在大量收集民歌與將之記錄成譜的過程中，發現減字譜只有斷連、緩急的劃分，而沒有板拍的標示，因此單用減字譜很難精準復原琴曲，因而在琴譜中加入工尺譜，著有《張鞠田琴譜》。

1791年，程偉元將曹雪芹、高鶚所撰《紅樓夢》120回本，首次用活字排印出版，被稱為「程甲本」。書中除詳細的記錄了當時的生活背景之外，更在第四十五回提到賈寶玉過目不忘的故事。

1807年，來華傳教的英國傳教士馬禮遜開始在澳門雇人刻製中文活字字模以鑄造鉛活字，是用西方鉛活字技術製造中文活字的開端。後來印製的《馬禮遜字典》（A Dictionary of the Chinese Language），是中國首次使用西方鉛活字印書的開端。

1840年，鴉片戰爭失敗後，洋務運動興起，興建外國語、軍事、技術等學堂，是新式西方學堂的開端。

1860年，新教教士在上海創立美華印書館，近代機器印刷輸入中國。

1862年，清廷在北京設立同文館，翻譯出版西方著作。

1899年，金石學家王懿榮因患痢疾而服食摻有「龍骨」（甲骨）的藥劑，而發現了甲骨文。

清

1700　　　　　　　　　　　　　　　　1800　　　　　　　　　　　　　　　　1900

1641年，巴斯卡（Blaise Pascal，1623-1662）發明手動計算機，能進行加減運算。

萊布尼茲（與牛頓同時分別）發明微積分，以無限延展的數學，以及新生的符號，給抽象思考與記憶開展了一個新的天地。1694年，萊布尼茲完成「萊布尼茲計算器」（Leibniz Computer），具有反覆進行加法的功能。並發明了二進位制，為數位時代的記憶方式奠定了基礎。論者認為，到萊布尼茲的時代為止，古典的圖像記憶術時代正式告一段落。之後，隨著科學的新發展，新式教育體系的開展，開始流行的是對於知識分類與科系的整理與記憶。

1746年，法國陸軍醫生梅特里（Julien Offroy de La Mettrie，1709-1751）因寫作《靈魂的自然歷史》宣布腦是我們所有的一切，在兩耳之間充滿組織的球是人類心智的唯一製造者，而被踢出軍隊，法國國會下令燒毀此書。他搬到荷蘭後在那裡改寫此書，命名為《人是機器》。

1751-1772年，狄德羅邀集孟德斯鳩、盧梭等140名學者撰寫現代意義上的第一本《百科全書》。1768年，第一版的《大英百科全書》在蘇格蘭推出。是人類找資料的好幫手。

1769年，瓦特改良蒸氣機，為工業革命揭開序幕。

1822年，瑞典化學家貝采利烏斯（Berzelius，1779-1848）用金屬鉀還原四氟化矽，得到了單質矽。而矽元素的發現，則無意中為二十世紀的資訊時代鋪了路。

1834年，巴貝奇利用穿孔卡片的自動控制功能設計出分析機模型，是電腦的先驅。

1840年，法國人勒伯涅因嚴重中風而成為失語症病人，此後只會講tan這個字，因而在醫學文獻上被稱為「唐（Tan）」。其醫生布羅卡因發現其受傷部位，而稱此區為「布羅卡」區。

1859年，達爾文出版《物種起源》，因書中自然選擇的進化論，而觸怒教會，被紅衣主教稱為「畜生哲學」。

梭羅（Henry David Thoreau，1817-1862）認為：「只有當我們忘記所學的一切時，我們才開始有知識。」

1862年，照相機發明。

1867年，索利斯（C.L. Sholes）發明打字機，同年，盲人點字書出現。

1874年，德國神經學家威尼基發現了另一個語言中心，稱為「威尼基區」。

1877年，愛迪生發明留聲機。兩年後，愛迪生發明電燈。

1879年，德國人馮特開始用科學的方法研究心理現象，使心理學脫離哲學，因而被稱為心理學之父。

1880年，德國心理學家艾賓郝斯，完成第一個研究記憶衰退的實驗。1885年，出版《論記憶》，提出著名的「艾賓郝斯遺忘曲線」，「記憶」從此成了心理學研究的重要領域。

1895年，倫琴（Wilhelm Roentgen，1845-1923）發現X射線。

1900年，發現敦煌
遺書。八國聯軍攻入北京。

1912年，中華民國建立。

1917年，胡適在《新青年》上發表《文學
改良芻議》，文言與白話之爭由此展開。
1919年，五四運動，將西方民主與科學思
想引進中國。

1937年，南京大屠殺。

1945年，中國對日八年抗戰勝利。

1947年，二二八事件。

1949年，中華人民共和國建立。

1950年代後，由於國民政府的軍隊遷移來台，軍人家屬等開始形成獨特的「眷村
文化」。另，台灣出現「白色恐怖」。

浙江名醫曹炳章（1878-1956），終生讀書不輟，每有心得，不管於何時何地，都將所得記於卡片之
中，總數達數萬張。這種卡片輔助記憶法，是電腦尚未普及前，學者做學問時記憶的普遍代替品。

1952年，中國文字改革研究委員會成立，推行簡化漢字及研究漢語拼音方案，是與傳統文化隔絕的開端。

1958年，中共人大通過「漢語拼音方案」。

1966年，文化大革命開始。

1968年，紅葉棒球隊擊敗日本來訪的和歌山少棒隊，揭開台灣棒球運動的序幕。1988年，中華民國職業
棒球聯盟成立，並於1990年正式開打。看少棒及職棒，成為許多人映象深刻的記憶。

七○年代，銀雀山漢墓、馬王堆漢墓陸續出土許多失傳已久的古籍。1974年，更發現秦始皇兵馬俑，使沉
睡於地下達二千多年的文物再次重現於世人面前。

1970年代，台視開播黃俊雄閩南語布袋戲《雲州大儒俠》，風靡全台，成為當時許多人的共同記憶。

1976年，大陸唐山大地震，死亡24萬餘人、16萬餘人受傷。

1979年，朱邦復公布「倉頡輸入法」，次年與宏碁電腦合作推出「天龍中
文電腦」，開啟中文電腦時代。由於電腦的發明及輸入、修改文字的
便利，世界上的文字創作量爆增，是造成資訊爆炸的原因之一。
而中文輸入法的發明，則使人們得以將短期記憶便利的記錄
於電腦之上。

| 1900 | 1920 | 1940 |

1900年，普朗克（1858-1947）提出量子理論。1905年，愛
因斯坦發表光量子假說。1924年，玻爾發表〈關於量子力
學〉，首次提出「量子力學」的概念。三人成為量子理論的
奠基人。是日後量子電腦的濫觴。

1900年，佛洛依德（1856-1939）發表《夢的解析》，闡述
了夢與真實記憶之間的關係。

1901年，設立諾貝爾獎。

1903年，萊特兄弟第一次飛行。

1905年，
愛因斯坦發表
特殊相對論，被認為腦袋異於
常人的他則提出：「書本裡找得到的東西，就不需死記。」

1907年，德國神經病理學家阿茲海默（Alois Alzheimer）首
次描述阿茲海默症。此病在美國是成人死因的第四位，僅次
於心臟病、癌症及腦中風。

1914年，第一次世界大戰。

1925年，法國社會學家霍布瓦克（Maurice Halbwachs）提
出「集體記憶」的概念。

1935年，葡萄牙精神科醫生蒙尼滋第一次
動切除「腦前額葉」手術，並因而獲得
諾貝爾獎。動過手術的病人則因此
喪失個性，對凡事都無動於衷、
漠不關心，猶如一具死屍。

1939年，第二次世界大戰。納粹實施種族
進化，猶太集中營中數百萬人喪生。

1943年，世界第一台電腦「ENIAC（電子數值積分
計算機）」誕生。

圖靈（1912-1954）於二次世界大戰期間，為盟軍破解了德
國密碼系統「Enigma」，為盟軍的勝利提供了絕大的幫助。
此後並提出著名的「圖靈試驗」以用來檢驗機器是否具備了
人類的智能，是研究人工智能的先驅之一。

1946年，馮紐曼（1903-1957）提出「EDVAC」方案，提議
以二進制取代十進制，並將程序當成數據予以儲存的想法。
1949年，在〈複雜的自動控制原理與組織〉論文中則提出
電腦程序的複製概念。都是日後電腦的設計原型，被稱為
馮紐曼架構。

1947年，發明電晶體。

1948年，喬治奧威爾（George Orwell）《1984》。

1949年，加拿大神經學家海伯（Donald Hebb）說過一句名
言「記憶是同步發射的神經迴路」，一同發射的神經元會連
接在一起，這就是有名的海伯定律，也就是記憶最基本的神
經原則。

五○年代初，美國盧恩首次將計算機用於關鍵詞索引的編
制。同時，倫敦葡萄酒學院成立，其「Master of Wine」是
品酒師中的最高級別。品酒師一般能記憶上千種酒，日本的
野田宏子更以能記憶數萬種酒而聞名。

1980年，中共人大批准經濟特區，大陸個體戶取得合法地位。

1980年代，台灣進入婦運蓬勃期。許多大事都可看出女性意識與權益的提高。這個年代也是台灣性解放的年代。

1981年，中國首次用火箭將三個不同用途的空間物理探測衛星送入太空。

1984年，中國第一家記憶研究會成立。

1985年，大陸終研發出能夠處理中文的電腦「長城0520微機」，使用區位碼為輸入法則。

1987年，台澎地區解嚴，開放大陸探親。

哈爾濱電信局話務員勾豔玲，因熟記一萬五千個七位數的電話號碼，
被載入1988《金氏世界紀錄大全》，並獲頒中國首屆十大傑出青年。

1993年，大陸三峽大壩工程開工。不僅有數十萬人被迫遷移他處，其中三峽工程涵蓋範圍中的所有古
蹟，如白帝城等也遭拆除。此事既為許多人形成了共同記憶，也造成了多數人共同記憶的毀滅。

1993年，台灣開始實施教育改革，首當其衝的是建構式數學，是日後建構式
教學的濫觴。教改原意在取代其前填鴨式、死背的教學方式，然而取而
代之的建構式教學，也引起爭議。

1995年，柳大華在北京同時與十九個人下盲棋，十八勝一
和，是世界最高的盲棋紀錄。

1996年，台灣第一次民選總統。

1999年，九二一大地震。二千餘人死亡，
八千餘人受傷，一萬七千棟房屋倒塌。

2004年，319槍擊案。

1960	1980	2000

1950年，黑澤明改編芥川龍之介的短篇《藪の中》（1921），
拍攝成轟動國際的電影《羅生門》。

1953年，華森（J.W. Watson）和克里克（F. H. Crick）發現
DNA的雙螺旋結構。同年，雷‧布雷德伯里發表《華氏四百
五十一度》。

1957年，蘇聯發射第一顆人造衛星。1969年，美國人阿姆斯
壯乘阿波羅11號登陸月球。

1958年，發明數據機（Modem）與積體電路（IC）。

1968年，英格巴第一次展示滑鼠（Mouse），ARPANET開始
網際網路的時代。1971年，傳送第一封電子郵件。

1971年，Intel製造出第一顆微處理器「The Intel 4004」。

1973年，水門事件主要證人狄恩，在法庭上詳述的證詞，被印
成二百四十五頁的報告，因而被新聞界譽為「活的錄音機」。

1976年，蓋加斯克發現海綿腦病（又稱庫魯症）的病因而
獲得諾貝爾生醫獎。海綿腦病流行於太平洋新幾內亞的食人
族中，他們因相信可以用渦蟲的方式吸收朋友、親戚及祖先
的品性及記憶，因而吃食他們的屍腦，此病會慢慢摧毀中央
神經系統。

1977年，Apple II問世，正式開啟個人電腦時代。1981年，第
一台手提個人電腦「Osborne 1」上市，重24磅。

1979年，日本索尼電器公司職員友寄英哲，能
背出圓周率的數值到小數點後第二萬位。
1987年，挑戰第四萬位成功，仍是
世界紀錄保持人。

八〇年代後期，數位信號處
理IC化及記憶卡技術成熟。

1981年，3M工程師弗萊（Art Fry）
發明便利貼（Post it Notes）。

1983年，全球第一個商業行動電話
（DynaTAC 8000X）面世，由摩托羅拉出產。

1988年，富士首先推出全數位式的靜態照相機。

1990年，提姆‧柏納李把網路帶入WWW時代。

1992年，由柯漢（Daniel Cohen）領導的法國研究
隊伍完成了一個有二十三對人類染色體的基因圖
譜，對找出跟遺傳有關的疾病提供了很大的幫助。

1992年，蘋果電腦推出第一台名叫Newton的PDA。

1994年，史丹福大學博士生楊致遠與菲羅（David Filo）
合力創辦「Yahoo」。網路搜尋引擎的誕生，方便了人
們在海量的網路記憶庫中尋找到所要的資訊。

1996年，擁有龐大對局資料庫的IBM電腦
「深藍」（Deep Blue）開始挑戰人類棋
王。1997年，「深藍」打敗世界
西洋棋棋王卡斯帕洛夫。

1997年，無人探測器「Mars
Pathfinder」登陸火星。複製羊
「桃莉」在英國誕生。Google成
立，其速度快、搜尋廣度寬、支
援多語種的優勢，使它在幾年後
迅速發展成為世界規模最大的搜索
引擎，並逐漸取代各種平面「百科
全書」的地位。

2001年，維基百科（Wikipedia，WP）
英文版計畫開始，截至2005年，維基
百科的內容含量已超越《大英百科》。

2001年，「911事件」美國遭恐怖組
織襲擊。

2003年，中、美、英、日、法、德
六國共同研究的所有人類基因圖譜
排序宣告完成。

2003年，美商蘋果公司（Apple）
推出內容量達40GB的「iPod」音
樂播放器。

2004年，印尼強震引發東南亞
大海嘯，造成十幾萬人死亡，
百萬人流離失所。

超越時間的永恆畫面

文·圖—吳繼文

帕屈克和曼諾雷是一對歡喜冤家。

　　兩人都出身上等家庭，也都深受其苦。戰爭救了他們。二次世界大戰，讓他們得以愛國、正義、男性氣概爲名，逃脫各自的煉獄，在人類以空前規模互相殘殺的時刻，於埃及亞力山卓虛耗著青春，與死神共舞；但天使拉了他們一把，讓他們跌撞在一起。

歡喜冤家

　　帕屈克是英國人母親和澳大利亞人父親所生；帕屈克在澳洲長大，在英國上學。曼諾雷父親是希臘人，母親則來自美國佛蒙特，家族世代居住小亞細亞靠愛琴海的古城伊茲米爾。

　　帕屈克從小患氣喘，脾氣躁，刻薄成性；曼諾雷天性寬厚，與人爲善。戰後他們結伴在小亞細亞、希臘、克里特和愛琴海諸島漫遊，處處是鄂圖曼、德國、義大利蹂躪過的廢墟，以及比廢墟更令旅人頭疼的，各種落後與失序。他們一路上都在生對方悶氣。帕屈克的臉色尤其傷了曼諾雷，因爲帕屈克對希臘的怨怒彷彿都得由他來承接。後來曼諾雷隨帕屈克回到澳大利亞，在鳥不生蛋的窮山惡水攜手經營一座從來沒有成功過的農場，這下換帕屈克老覺得要向曼諾雷說抱歉。兩人相依爲命，曼諾雷忙農場雜務，帕屈克煮飯兼寫作。

　　話說那趟充滿怒氣的希臘之旅。不管旅途中或旅行後，曼諾雷一直說帕屈克憎恨希臘，也討厭他。每次曼諾雷這樣講的時候，帕屈克當下的回應肯定只會讓曼諾雷更加生氣，但他心裡眞正想的卻無以宣說，「我無

法向他解釋我心中的愛……無法向他證明我深信不移的一個道理：我那些神志清醒的自我不能完全負責的小說，我們在希臘很不舒服但令人振奮的旅行，我們共同的生活，以及生活中感情的迸發與報償，我和我視為宗教信仰的玩意兒笨手笨腳的搏鬥——**所有這一切激勵我走完人生之路。**」(《鏡中瑕疵》〔Flaw in the Glass〕)

他這一段直面時間本質的動人內心獨白，我覺得也頗能令人信服地拿來詮釋「記憶」或「記憶之愛」。

帕屈克‧懷特（Patrick White），《沃斯》(Voss)、《人之樹》(The Tree of Man) 的作者，澳洲第一位諾貝爾文學獎得主，在1990年去世；曼諾雷‧拉斯卡瑞斯（Manoly Lascaris）的老病之軀多折磨了他十來年，於2003年去世，得年九十一。他們在一起長達半個世紀。

人因記憶而擁有了神性

有人依靠記憶為生；有人唯恐記憶不堪負荷。

有些記憶像夢境一樣，經不起捕捉，因為將遺漏更多。

會讓一個人不斷反芻或願意自私密的玩具盒取出和別人分享的記憶，通常和這個人的愛，以及愛的衍生物（比方狂喜、失望、疑惑、悔恨）有關。所以或許可以這麼說：記憶，是生命中有意識、無意識的**愛的行動**留下的刻痕與傷痕。

克勞德‧李維—史陀（Claude Lévi-Strauss）

在他半個世紀前出版的那本關於旅行、關於旅行的發現以及回憶的《憂鬱的熱帶》(Tristes Tropiques) 一開頭就冷冷說道：「我痛恨旅行，還有探險家。」但身為人類學者，旅行畢竟是「愛的行動」之延伸，想他亦不會否認。透過《憂鬱的熱帶》，他演練／演繹了記憶的重層面向：其中之一當然是他行腳的記憶（他的書完成於最後一次巴西之旅後十五年）；其次，他描繪了一個大航海時代之後被歐洲「文明」攪得支離破碎的世界圖像，是乃歷史記憶；然後他比較各種宗教文化，羅列森林深處依舊存活的、由神話支配的**完整的人**的社群和他們的生活。若文化是集體潛意識，神話即是群體的深層記憶，時間的劇場。

李維—史陀提到，波洛洛人的巫師／醫者「巴里」因為精靈之助，具有超自然力量，既不屬於物理的宇宙，亦不納入人群的世界，而是兩者間的仲介。巴里的一切，他的身體以至財產，無非精靈所有，當他剪去指甲、弄壞弓箭，都得向精靈們報告。他無權銷毀、丟棄任何東西，「巴里身後永遠帶著所有過往生活的殘屑」。換言之，他是一個比較完整的存有，在他身上同時體現人與神、現在與過去、時間與非時性的各種表徵，可說是**記憶的載具**。那麼反過來看，是否也可以這麼說：人因記憶而擁有了神性？

波赫士（Jorge Luis Borges）也喜歡旅行，但不像李維—史陀（至少表面上看來）那樣憤世嫉俗，他說：「我一點也不喜歡旅行，不過我很喜歡我所走過的地方。我

時間總是讓我困惑：大部分的人相信自己無可置疑地活在此時此刻，要不我活在哪裡？

認為一個人是為了回憶而旅行。」(《波赫士談波赫士》) 這對長年為眼疾所苦終至完全失明的他而言,特別令人聞言淒然。然回憶於他,遠不止於過往行蹤的註腳。記憶是人類神祕無比的能力,它讓人可以稍稍抵禦時間挾泥沙俱下的殘酷,卻又和夢一樣弔詭難以捉摸,甚至一再愚弄我們,無怪乎他在《記憶超人的福內斯》有一個高明而美妙已極的開場白——「我記得(我實在沒有資格說出這麼一個神聖字眼……)」好一個**神聖字眼**。

記憶力超人的福內斯腦海中充塞的,全都是事件的連續畫面與細節:「他知道1882年4月30日黎明南方天空中雲朵的形狀,而且他可以把這些雲朵和記憶中只看過一次的書籍皮封面上的紋理相比較。」他曾幾次試圖將一整天發生的事情重新整合,「不過,每一次的重新組合就得花上一整天」,只得廢然罷手。**記憶注定殘缺**,就像夢不會有重量。

斷裂I:生離即死別

記憶是時間的產物。正如李維—史陀所言,「這個世界開始的時候,人類並不存在,這個世界結束的時候,人類也不會存在。」看來,這世界似乎是個嚴重失憶症患者;其實,對宇宙而言,時間本不存在。

佛洛姆(Erich Fromm)詮釋生命,認為「存有未必在時間之外,但時間並非存有的支配者」,若然,則我們常無抵擋地屈服於時間的專制統御,不異屈服於無根據的**錯覺**(所以這一節的起首應做問句:「記憶是時間的產物嗎?」)。中野孝次在《清貧思想》中的

見解,或可拿來做為矯正此一錯覺的良藥。他說「生不在未來,也不在過去,只在完全活用此時此地之中」,夢想足以超越時間,愛與真理的體驗並非在時間中發生,而是在此時此地發生,而「這個此時此地即是永恆。永恆並非無限延伸的時間,永恆超越了時間。**無常的飛翔**,即是永恆之時間的情境。景象乃此世的風景,卻是靈魂中的景色」。說得真好。愛與真理的體驗,或說記憶,正是超越時間的永恆畫面,而生命的分離/斷裂更教那絕對的畫面永遠停格,因為不再有塗抹與改寫的可能。

當我在上個世紀九○年代末,網路一世風靡的時節,第一次讀到裴化行《利瑪竇神父傳》中如下字句時,簡直口乾舌燥、頭皮發麻:「1593年(自歐洲)寫給(人在廣東的)他(利瑪竇)的一封信,提及他在1586年寫去的信收到了,而1593年這封信他在1595年才收到;1595年他就聽到虛報,以為父親已經去世,其實又過了十一年多的時間,到了1604年才知道父親剛剛去世。」也因為這段看似平淡無奇的描述,讓我展開了一場意外的旅程,至今尚未結束,但這是後話了。

時間總是讓我困惑。大部分的人相信自己無可置疑地活在此時此刻,**要不我活在哪裡**?頂多,加上記憶,讓我們彷彿也同時活在過去。但利瑪竇的「此時此刻」,卻包括了過去與未來。只因山海迢遞,當利瑪竇提筆寫信時,他每一個字,每一個當下,立刻成為過去,收信人要到許久許久以後,才能看到這一筆一畫,而眼前是不可知的未來:我

的報告或請求，我的吶喊與耳語，將在時間的緩慢推移中抵達它們的終點，躺在長上、朋友或家人顫抖的手中，或者浪濤深處，飢餓的魚腹。

那是斷裂，其中既有時間因素，亦因空間阻絕，還有他決絕的誓言，讓他此生再無可能面見歐洲的故舊。你儘管寫，儘管想像一個和你一樣有血有肉、清醒而呼吸著的收信人，但那氛圍分明是在寫給另外一個世界，何況有些人你毫無把握是否依然健在。「當我屢次發現我的長信都寄給了那些已經逝去的人後，我再也沒有精神和勇氣寫下去了。」（1594年底自韶州致德‧法比神父函）以致你在發話、傾訴時，必須以無保留的情感進行，你的書寫必須力透紙背，一如人們追憶亡者，因為雙方只剩下殘缺字句，其他空白必須靠無限的想像填補。

「我們彼此相距不能再遠了，但我以為遙遠並不能使您忘記我。……請多給我寫信。再見，極可愛的神父再見！」（致富爾納里神父書，1583年於澳門）

斷裂 II：愛之難

十二世紀初，女性尚未被許可進入（基本上都是教會創辦經營的）大學就讀，一個十幾歲就廣泛涉獵拉丁文獻，熟讀西塞羅，通曉希臘文和希伯來文，以博學聞名的巴黎少女赫蘿伊瑟（Héloïse）遇到了盛年的哲學家阿貝拉底（Abélard）。赫蘿伊瑟的舅舅延請阿貝拉底住進他的府邸，希望著名的學者阿貝拉底能夠帶領他的外甥女繼續從事哲學

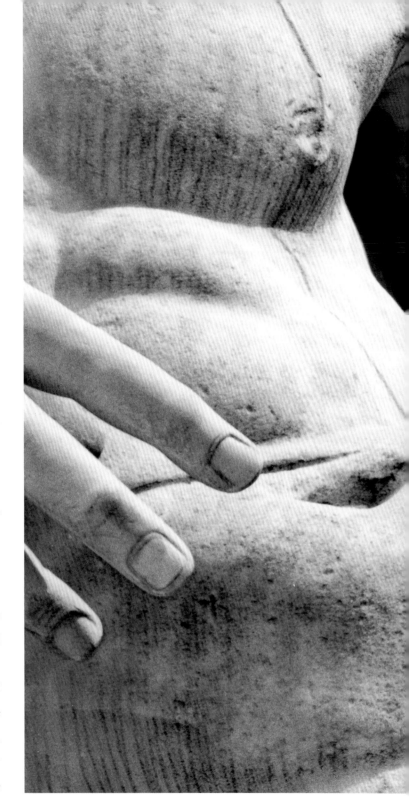

上的深造，然而兩個真理的信徒卻成為激情的俘虜。結局可想而知，阿貝拉底將有孕在身的赫蘿伊瑟帶到他住在布列塔尼的姊姊家，並生下他們的兒子。之後年輕的母親暫時駐留阿根杜修道院，阿貝拉底則重返巴黎繼續學者生涯。命運開始操弄他們的人生：少女的族人買通阿貝拉底僕人，在夜裡進入他的臥室，將他**閹割**在床。最最具體的斷裂。

阿貝拉底選擇進入修道院終此殘生，而赫蘿伊瑟更在他之前正式成為阿根杜本篤會女修道院的修女，年齡還不滿二十歲。當阿貝拉底接受命運，將殘酷的打擊視為上帝的意志時，赫蘿伊瑟則激烈反對這種神意的判決。「哪裡有不受難的愛情？」她說。

阿貝拉底成為本篤會神父，赫蘿伊瑟成為女修院院長。他們仍深愛著對方，但橫亙在兩人之間的，除了身體的斷裂，還有修院高牆的阻絕，唯能透過甜蜜亦復苦澀的記憶撫觸對方。彼此思念情切，更因想像無窮而高漲滿溢。只要看書信起首的稱謂，即可想見其一斑：

> 你的婢女，不，你的女兒，
> 你的妻子，不，你的妹妹，
> 向
> 我的主，不，我的父，
> 我的夫君，不，我的兄長致意！
> 你的赫蘿伊瑟向我的阿貝拉底致意！

1142年，阿貝拉底在聖馬歇修道院院長任上去世，安葬於聖靈堂；二十二年後赫蘿伊瑟也安息在同一個地方。阿貝拉底生前撰

寫的懺情錄（原來是一封寫給友人的長信），名為《受難史》（*Historia calamitatum*）。

艱難，與不確定，使得你的發聲必須用盡全副魂魄，所有的丹田底力，否則經過時間一沖刷，難保不會像沙灘上的貝殼一樣，蒼白而空洞。

「今生我們再見的機會是多麼小啊！但是我以為相距越遠，我對你的愛反而有增無減。……假如您願知道我在哪裡，做些什麼，（讓我告訴您）我成為狼群中的一隻羊，可惜沒有鴿子的純樸與蛇的機警。」（〈利瑪竇致好友班契神父書〉，1595年於江西南昌）

完全開放的想像力、飽滿的情感加上永世無法抵達的距離，讓你的每一字句彷彿都成為熱烈的戀人絮語。

今生之外，前世記憶

有一種記憶，因為非比尋常的情感深度，完全無法在此生取得圓滿解釋，只好穿透時間之牆，進入前世他界上下求索。

婆羅多族的戰神毗濕摩擁有天神賜予的不死之身，是戰場上所向無敵的剎帝利（武士），卻於俱盧之野（Kurukshetra）的世界末日之戰中，在一個完全不是對手的敵人面前束手就戮。就現世而言，毗濕摩的死亡不可解，不是「無法解釋」，而是「難以理解」，除非，那裡面有一個關乎記憶的神話。

婆羅多族的持國與般度兄弟分家，目盲的哥哥持國繁衍了百子，號稱俱盧族；弟弟般度則有五個兒子繼承衣缽，即般度族。由於王位繼承糾紛，演變為兄弟相殘，為了維

記憶是人類神祕無比的能力，它讓人可以稍稍抵禦時間挾泥沙俱下的殘酷，卻又和夢一樣弔詭難以捉摸。

護武士的正義，連神祇也被捲入空前的血腥惡鬥中。史詩《摩訶婆羅多》描寫的就是這場驚天動地的十八天大戰。

毗濕摩乃恆河女神下凡與象城的福身王所生，被父親立為王儲；後來福身王又愛上漁夫之女貞信，貞信下嫁的條件卻是王位必須由她生下的兒子來繼承。毗濕摩為了滿足父親的慾望，發誓放棄王位繼承權，並且永遠獨身。福身王有感於兒子的犧牲，於是藉由天神之力，賜予毗濕摩一個恩惠——可以自由選擇死亡的時間。準此，理論上他可以不死。

貞信生了兩個兒子，毗濕摩做為異母長兄，曾以搶親方式，強奪迦尸國三位公主給兩個弟弟成親。大公主安巴早有意中人，毗濕摩知道後即刻將安巴釋回，誰知安巴的情人再也不願接受這個一度被搶走的女子。安巴羞憤之餘，發誓復仇，然後自焚而死，**轉生**為般遮羅國公主，名叫束髮；她又與一個藥叉（森林中的精靈）作法**交換性別**，成為剎帝利。

在俱盧之戰中，勇武聞名於世的毗濕摩身為雙方祖父輩，只因長期受持國與其百子的供養，基於職責乃擔任俱盧族統帥；安巴／束髮則加入了有（大神毗濕奴化身的）黑天助陣的般度一方，伺機殺死毗濕摩。

大戰進行了九天，雙方都有大量傷亡，一時亦勝負難分。由於毗濕摩乃不死之身，長遠看來，戰況顯然對般度族不利。第九天夜裡，知曉所有祕密的黑天使了個詭計，建議般度五兄弟直接到敵營，向老祖父毗濕摩請教殺死他本人的辦法。毗濕摩坦言，你們躲在束髮身後就可以殺死我。因為他認定束髮是個女子，而一個正直的武士絕對不會在戰場上和女人交手。

第十天黃昏，般度主將（天神因陀羅化身的）阿周那果然在束髮的擋護下，連發利箭射倒了完全放棄自衛違論出手攻擊的毗濕摩。只剩一口氣的毗濕摩身上插滿箭支猶如豪豬，在夕陽中頹然倒下，而身體並未著地，彷彿躺在箭床之上。雙方見此乃宣布停戰，齊聚毗濕摩身旁。眾人發現他的頭依然倒懸，想拿柔軟的枕頭幫他墊著，但毗濕摩拒絕，卻叫阿周那向他頭部再射三支箭，於是他的頭靠在了箭枕之上。這時倦極欲眠的毗濕摩深深地為他的子孫們感到難過，以僅剩的氣力，勸戒雙方消除敵視，握手和解，然後永遠闔上了雙眼。

這就是毗濕摩，不朽的剎帝利，他**決定自己死亡的時刻**，由於對束髮前世的深沉歉意，或者說對安巴轉世者同樣深沉的愛。

這是我僅知的，人類最為悲壯、最令人黯然銷魂的記憶了。　■

本文作者為作家

Memory......

藉由一件物品、一處空間、一種味道或一個人，你的往事就這麼回來了。

採訪整理—編輯部

蔡志揚攝影

嬰兒服‧鵝黃色的甜蜜
夏瑞媛　博士生　34歲

一件衣服有時不只是一件衣服，一件衣服可能記錄了家族四代的情感。
三十幾年前，哥哥滿月，外公外婆送來這件鵝黃色的嬰兒服，哥哥穿過，
或許我出生後也穿過。往後多年，記憶與童年的味道都收藏在老家的木櫃裡。
十四年前，姊姊的小孩誕生，媽媽打開衣櫃，找出這件衣服，送給她的第一個外孫。
之後，這衫又靜靜珍藏在姊姊家的衣櫥裡十三年。
去年，哥哥家的小女娃出生，姊姊再把嬰兒服送歸「原主」。
娃娃從醫院回家那日，穿的正是她爸爸昔日的嬰兒服。
鵝黃色的家族甜蜜記憶，繼續流傳。

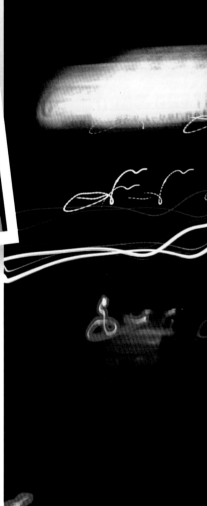

香水・顛簸的夜晚

柯裕棻　作家　36歲

某一年冬天媽媽送了我一瓶香奈兒的頭髮香水，我天天用它，一個冬天瓶子就空了。

那年冬天我時常南北往返奔波，每個週末的半夜都在高速公路上的巴士裡打盹過去。

後來，過了幾年，我再次聞到這瓶頭髮香水的氣味時，我就想起了那個奔忙的冬天，大巴士裡的汽油味兒，對面來車的燈光，

顛簸的夜晚，羊毛大衣和圍巾的觸感，昏沉的睡意，厚重的馬汀大夫鞋，還有那時候常聽見的孫燕姿的歌。

香水的氣味不只是一種夢幻和遐想，它以身體感官的記憶方式記載了人生裡的某一段旅程，某一種心情和存在狀態。

這種記憶方式非常不理性，也沒有明確的指涉系統，它時常是迂迴難解的，

非線性地，把細微難辨的人生經驗註冊於感官的疊層裡。因此它的召喚總是突如其來，難以料想。

蔡志揚攝影

記憶臨帖

——為療癒自身而寫

記憶是時間的兔子，
在倉皇之間閃現而被偶然與意外所捕獲。

文—余德慧

記憶臨帖 1 當年紀到了中年才搬家，記憶的動盪已經不像年輕的時候那麼激烈，但也不能說沒有動盪。十八歲第一次到台北唸書，整個人好像被扯了一下。上台北的那一個晚上，我不覺得有任何興奮之情，倚在我書房兼臥房的門邊，我對一切感到戀戀不捨。在三歲的時候，我隨著父母從東港搬到潮州，並沒有多少記憶，搬家的前一晚，根本就不知道搬家這回事，直到被拉上貨車的前座，祖母點著一炷香，拿著牌位，我才知道要搬家。我也沒有對要離開的東港小鎮投下眷戀的一瞥，縱然那個地方充滿了我兒時的記憶。

劉振祥提供

照片‧永恆的思念

劉振祥　攝影師　42歲

我太太的姊姊四十多歲就過世了。
她辭世當時，家人要為她辦紀念會，在準備的過程中，找到兩張小時候的照片，
一張很清楚，一張已經發了霉。
這回，我把這兩張照片結合起來、作了一些處理，變成現在這個樣子。
穿著小洋裝的小女孩和旁邊那個模糊變形的身影是同一人。
實體會隨著時間消逝，但記憶仍在。
就像這個已不在人世的女兒，永遠清楚停留在父母和家人的腦海之中。
攝影不只記錄了自己認為有意義的事，也留下了別人永恆的思念。

一首曲子・理想的激勵

陶曉清　資深廣播人　59歲

1990年的秋天我獨自在京都街頭撐著傘走著，濕冷的京都有種淒冷的感覺。

我邊走，邊聽著Dan Fogelberg的〈Ever On〉。

我很愛旅行，而這首歌也是在講人生就像一段接一段的旅程、一種生命的傳承。

當時周遭滿是紅色的楓葉，畫面既孤獨卻又豐富，有一種淒美的感覺，讓我很受感動。

有些感覺，只能在獨處的時候才能深刻體會到。

雖然當時我只是獨自一個人，但是我有好的老師、知心的朋友，還有世界各地

有著類似想法的同好，比如Dan Fogelberg，因為他的歌打到了我的心坎，所以是孤獨但不寂寞。

每次只要聽到這首歌，當時的畫面就會自然浮現，而且總是能激勵著我，

更堅持自己的理想，只要繼續做下去，那就不枉在世間走一遭。

飛行傘・出竅的靈魂

曾前朗　建築業　40歲

那次冬日的飛行傘比賽沒有陽光，所有選手都降落到地面去了，只剩下我苦撐著。突然，一股詭異的氣流直直將我往上托昇——竟然穿過了逆溫雲層，遇見了璀璨的陽光。我的全身被溫暖包覆，聽不到任何聲音，腳下是無際的白霧，宛若進了天堂，只差沒見到天使。我興奮得狂喊，靈魂彷彿抽離了軀體，看著自己張大嘴、緊握拳在這奇異的空間漂浮著。直到落地後，還不住的在發抖呢，雖然知道贏得了比賽，但那一點都不重要了。

曾前朗提供

記憶臨帖 ② 兒時的記憶應該是很窘的。主要是對人事涉入不深。但是，成年之後的記憶卻倏忽地沉重起來。我似乎經常被夢騷擾著，彷彿我的清醒生活的意義是不完全的，必須仰賴另一個時空。一晚，夢見一個女孩子倚在我的肩頭哭泣，我茫然不知所措，到了隔天才發現那女孩子赫然就坐在我面前聽課。我就像吃了迷魂膏，毫不猶豫地答應收她做研究。每次看著她，我就好像跌落到另一個時空，在那裡我曾經與她親密相知，但這種依稀從不曾在現場可以指明——這個現場是個非常詭異的現場，裡頭有著非常詭異的熟悉。

記憶臨帖 ③ 記得張愛玲老愛說「在亙古的世界裡，人不斷的流轉，出生又死去，兩人會重複碰見的機會幾乎是渺茫」，如果在一次的流轉裡，兩人再度見面，一定會說：「ㄟ，你也在這裡？」我相信我的許多哭泣，都與這些時刻有關。

記憶臨帖 ④ 我向來認為記憶只是自我意識的虛構，即使它曾經是我的過去。想像的虛構，那是召喚事物，使其在場的能力。也許我們會以為心智需要物質的基礎，所以回憶也必須如同物質一樣，有個堅實的過去經驗作為基礎；其實相反，心智所賴的，不見得是「真正發生的經驗」，而是只要發生「成為我的經驗」的東西即是。例如，夢般的經驗對我的影響之大，絕對遠遠超過我實際吃的麵包、喝過的湯。我的經驗裡頭有許多空白的維度，一時也看不出那是什麼，有些東西似乎是不在現場的空白，但是我總是在那空白維度裡頭討生活。

小學同學‧天真的傻笑

王曉普　軍人　34歲

我的另一半是我的小學同學。但我們並不是青梅竹馬，事實上，當時對彼此的印象都很模糊，直到好多年以後的同學會再見面時，才慢慢有了感覺。

那是非常奇妙的經驗，一方面，我們的交往是往前看的，但同時，所遺漏的一些往事，又在某個日常的互動中，悄悄給銜接了上來。所以我們的過去、現在及未來，都在對方身上，是一個悠長的連結。

小時候，我們都很膽怯、功課也不大好，被躲避球打到，或是被老師責罵時，她總是一股勁的傻笑。現在出了社會，她早已磨練得很有自信了，唯有傻笑是不變的。小孩長大了，學會勇敢面對世界，但留有一顆赤子心，童年也就一直在。

蔡志揚攝影

中山堂・蒼涼的追尋
林芳正　都市規劃師 35歲

那簡直就是
一次考古旅程。
1995年，因為工作的關係，我
進入了中山堂作調查。這個曾經召開
國民大會、總統接待外賓的地方，隨便推開一
扇門，也許就能發現蔣介石當時活動的痕跡。那天，日
光強得讓人張不開眼睛，進入室內，卻是另一個迥然不同的陰
森世界，時間頓時凝結。這反差實在太大。彼時權傾一時的場所，
如今竟是歷史文件散落滿地，蒼涼不足以形容。
在蒐集資料的時候，我們知道中山堂臨中華路側有很美的建築立面，
但已經完全被後來的新建物擋住了，只剩下一條縫。你知道它就在前
面，可是卻看不到，這衝擊真的很大。
中山堂的內部，與外面車水馬龍的西門町是隔絕的，它的歷史也是。都市
裡有許多這樣的空間，不被認真的對待，但它們一直在那裡，就像那條不
為人知的細縫。
而我那次宛若尋寶的經驗是唯一的。如同當時帶領我的陳志梧老師已離開了
人世，那個首都首次由在野黨執政、充滿各種可能與撞擊的社會也過去了。特
殊的時空背景不再，當時的心境，一切的一切，也無從溫習起了。

記憶臨帖 5 我發現我內心的華麗全然都來自「某種邊緣」：我的離家，我的失親，以及我任何哀傷。班雅明說，正是某種危險，才將記憶捕獲，亦即，記憶並非「過去的事實」，而是時間的兔子，在倉皇之間閃現而被偶然與意外所捕獲。

記憶臨帖 6 為何是在危險的情況，這不自主的記憶才會顯現？記憶真的只是記憶？還是過世的人與活著的人之間祕密的協議？難道在這份協議裡，寫著攸關幸福的無書寫約定？祖母的過世曾經在我的心中喧鬧著，即使是現在，祖母過世十餘年，我心中的眾聲喧嘩也未曾褪去。我從來沒有與祖母談任何協議，依偎在她的身邊即是無書寫的幸福約定。祖母是我一生的磐石，在我生病最艱難的時刻，我就聞到祖母衣物的味道，她的聲音，以及滿室的寂寥。

記憶臨帖 7 我在後來認識的人們身上嗅聞這份幸福的契約，總是失望的成分多，那無書寫的幸福不在現場，就如同近鄉雖情怯，但眼前景象已經全非記憶所及，那幾分的近似反而更殘忍地提醒我那無書寫的幸福未曾抵達現場，無盡的流動心思於焉出場。班雅明引用洛茲的話說，「這世人最堪稱奇之事是對眼前之物錙銖必較，對未來卻毫無妒意。」（《啓迪》）如果端坐冥想能夠領受那不在場，冥想一定是對記憶最大的安慰。

蔡志揚攝影

撒哈拉‧沙漠的擁抱

劉怡伶 助教 25歲

三十九天的旅行，從北非摩洛哥一路北上，越過地中海，徜徉西班牙、法國。

難忘以沙漠為床，滿天星斗為被的那晚，遠離繁華，甚至僅留的一盞與文明相關的小燈，不到子夜就悄然熄滅。

我知道，撒哈拉在呼喚著，她不要我在原始大地裡，還拿著文字，想著自我的思緒，她不要我還想眷戀著任何屬於人、非自然的一切

於是我躺在她的懷裡，靜靜呼吸，就是感受，沙子好細好細，不同於海邊的沙有種海水的冰冷氣味，

只有飽收陽光分子酥稀稀脆脆的滑順。銘刻那一晚在心，記一夜好睡的感動。

陳靜雯攝影

畫‧恍惚的流浪
盛正德 畫家 60歲

早起與夜歸相遇的時刻
路燈和灰白的晨曦混淆
空盪的圓環
偶爾有車繞過
輪胎低聲嘶叫劃破沉寂
紅色尾燈帶著煙霧消失在街角
霓虹已熄 騎樓下有人蜷縮躺臥
鐵捲門深鎖

樓上賓館房裡瀰漫過期的香水味
床上鋪著不明漬斑的被單
玻璃窗外的聲音模糊而遙遠
聽不到街上情人的道別
景色熟悉又陌生
記憶裡的城市相互重疊

路口紅燈、黃燈依時閃亮
室內跟著變換色彩
陰影裡蟑螂在蠢動
我躺在床上寂然地
試著記起置身的地名

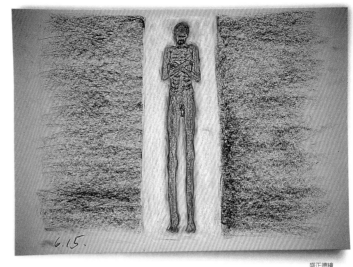

盛正德繪

10.臍帶‧媽媽的記號
阿雍 資深美編 41歲

生產後，我把臍帶留了下來作紀念。
當初，懷這個孩子並不是計畫中的，這臍帶也提醒我，從那一刻起，
　　要好好學習作個媽媽。
　　　我曾經抱怨過父母太限制我，而我現在管女兒卻管得更多，
　　　　終於明白，什麼叫做養兒方知父母恩。
　　　　　我拿給女兒看，
　　　　　　告訴她這臍帶曾經連接著她和她的媽媽。
　　　　　以後她會懂的，當了媽媽之後，
　　　　　人生就變得多麼的不同。

阿雍提供

記憶臨帖 8 班雅明說，不自主的記憶是一種微弱的救世主力量，這力量的認領權屬於過去，但是引領這力量出來的認領權卻不容易獲得。只有特殊時機才得以重獲，不幸的，我們只有夢般的切近，或在危險的瞬間顯露的記憶，才依稀重新捕獲那無書寫的幸福，那與過世之人的幸福契約。魂兮魂兮。

突然興起，想到屋頂上去玩，於是爬上梯子。

表弟跑到隔壁的屋頂去追貓，我跟過去叫他回來

沒想到突然踩到其中一處脆弱的地方，結果就掉下去了。

屋頂破了個大洞，我卻剛好掉到床上，除了擦傷和刮傷外，我身上完好無缺。這是幸運還是不幸？

屋頂・從天而降的驚恐
周郁雯 國中生 14歲

周郁雯繪

濕寒的氣候・錯愕的香菇
B02 插畫家 36歲

每當遇到潮濕、寒冷的天氣，我就會想到當兵時、楊梅那個恐怖的山區。

有多恐怖呢？非常冷！穿好幾條褲子都還是發抖。霧氣也超重！吃飯時，甚至看不清楚對桌的人。再來就是極端的潮濕，室內永遠都是黏答答的。因為棉被吸滿了水氣，我們只好改用睡袋，棉被就塞在內務櫃裡。有天，把門打開，發現棉被縫裡居然冒出了香菇。

所以你會明白，那時最重要的東西可能不是槍，而是一支能烘乾東西的吹風機；最大的享受，就是冰冷的雙手捧著鋼杯，裡頭裝著熱騰騰的泡麵。

如果我現在變得很容易滿足，那都是因為曾經和惡劣的氣候纏鬥過。

演唱會票根・興奮的淚水

小采　助理工程師　22歲

從小我就喜歡安室奈美
惠。
國中時，她來台辦演唱會，
可是聯考在即沒法去，只能在房間裡和另一位同學，
共用一副耳機聽廣播。
2004年她再度來台，我好興奮，
多年的遺憾終於有所補償了。
在現場看到偶像緩緩步出舞台，燈光打在她的身上，
我激動地掉下眼淚。
現場不能拍照，我保留下了票根，
也留下那個因漫長等待而彌足珍貴的歡樂記憶！

記憶臨帖 9 記憶會有靈魂的身體，在看不見的時間流裡變化著。泰戈爾最懂得它的變化。在他一首〈無題〉的詩裡：「在亂草的小徑走著，忽聞背後有人說話：『你還認得我嗎？』我回頭看著她說，『我不記得你的名字了。』她說，『我就是你年輕時初次遇到的那大悲哀。』」泰戈爾早已不識她，因悲哀現在成熟了，改名叫作寧靜。悲哀在記憶的時間裡改變，我們無法在現場可見之處得知，直到有一天，我忽然懂得，因為我瞬間瞧見。

記憶臨帖 10 我情願你不停地在記憶裡流轉，也不願意擁有你。我要你活在時間的閃爍裡，不願讓你固體化。人和落實化的現實都會變硬變老，更糟的是變心，這是因為人總是太貪心，以至於將心愛的對象點化為石。

A片 · 即時的狂野
Gina 護士 26歲

我第一次看A片的時候，高中剛畢業。而且不是偷偷一個人，是和男友一起看。
我首次見識到日本的AV女優的火辣身材，雖然我是女生，卻也興奮莫名。
我們邊看A片，模仿片中的演員一邊做愛，那真是一次難以忘懷的美妙經驗。

窗戶 · 童年的眺望
歐陽應霽　作家　43歲

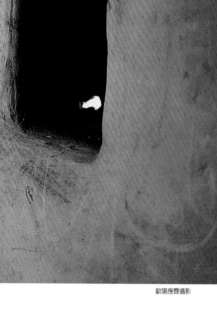

旅途上拍下的窗門，其實更教我憶起兒時在樓高十層的家最愛倚窗外望，看船看海看天看後窗人家裡該看不該看的風景……

開始留意窗，窗外窗內，兩個世界。1967年那幾個被封鎖的戒嚴夜晚、葬身火海的伊莉莎白號郵輪、讓老人家臉紅的暴露狂，還有男女做愛做的事情——大小世界就在這個小窗框外輪轉不停。窗裡窗外有易位的可能性，難保自己不會成為別人的風景，「你在橋上看風景，看風景人在樓上看你。明月裝飾了你的窗子，你裝飾了別人的夢」——讓我起雞皮疙瘩。

回想自己喜歡的拍攝對象總是窗戶呀、床呀、門呀……用佛洛依德的理論來解釋也許太高深，不過我懷疑那或許真的是童年經驗的某種投射。

窗也是門，推進來走出去，是經驗的開始和結束。

歐陽應霽攝影

蔡仁譯攝影

Beatniks攝影

筆記本‧詩意的父親
蔡鳳姿　休閒業　53歲

阿爸是個老式文人，話很少，也不常笑，孩子們都怕他。幼時的印象中，阿爸整天都在屋裡看書，天氣熱時，就到四合院後的竹林底下乘著涼讀。在當年的嘉義鄉村，阿爸是少數的知識分子，也是地方詩社的活躍人物。元宵節村裡舉辦猜燈謎大會，那些謎語都是他出的題。

念國小時，每到晚上，我與阿爸會一起在廂房裡伏案用功，我寫功課，他寫他的詩，不時會細細地吟出聲來。我們很少聊天，但有時他會給我講些典故，我記得「杞人憂天」這個成語，就是他教給我的。

不過阿爸體弱多病，只偶爾下田，家計幾乎全靠母親做生意維持。大約是我五年級時，有次他病重吐血，家裡只剩我一人，只好強自鎮定，顫著手，拿衛生紙給他擦拭。阿爸過世後，我發現了遺失已久的兩本筆記簿，翻開一看，竟寫滿了阿爸的筆跡，有詩作、有燈謎，還有他自己撰寫的字典。如今每回翻閱，阿爸細細吟詩的聲音，便又重在我耳畔響起。

淋雨男子‧學長的呵護
小魚　學校助理　26歲

那天下著雨，心裡愛慕的學長卻冒雨為我帶回一把雨傘。他騎著單車出去，身體都濕透了。雨滴沿著頭髮、面頰滴落，他的側影好帥。

每回再看到淋著雨、騎單車的男子，我都會想起那個被細心呵護的美麗下午。

記憶臨帖11 我們無須在泰姬陵前憑弔，泰姬陵的哀歌用三十年的傾國之力，卻砌出冰冷的石城，人兒已杳，俗客雜沓，記憶被扭曲為王室的神話，神韻被挑空成空墳。我情願你活在飄渺虛無裡。當不懂事的孩子不知隻影向誰訴的時候，我已經轉向蒼茫，我知道妳仍活在蒼茫大地。

記憶臨帖12 弗蘭克醫師在集中營裡提到，一個人在最貧困時最豐富的饗宴，就是想起心愛的人。弗蘭克在集中營的冰冷清晨，踏著碎冰去工作，一路上跌跌撞撞，突然抬頭望見南星，他想起了妻子。事實上，那時候他的父母妻子妹妹都已經被納粹殺害。

Beatniks攝影

148・八卦的時光
胡雅惠 大學生 19歲

「148」是我高一的班級教室號碼。
總是擦得很乾淨的黑板,被同學玩耍撕壞
的布告欄,刻著密密麻麻字的桌子……
中午吃飯時,陣仗達到近十人,大家排排
桌椅,聊聊八卦,教室充滿了笑聲。每天
上學都變成是種期待。
那一年的我們,多麼想就一直待在那一年。

自動鉛筆・詭異的青蛙
冬瓜 資訊業 35歲

小學六年級,我有一枝很寶貝的自動鉛筆。
但有天它不見了,我遍尋不著。到了傍晚的打掃時間,我在鋤草,正當拔起一大塊泥土
時,赫然發現那枝鉛筆就埋在下面,不禁打了一個寒顫。那個地方,正是我幹壞事的地
方。我會抓住倒楣的青蛙,丟到路上讓車子壓扁。
該不會是那些青蛙給我的教訓吧?!

電影院·一個人的沉澱

沈小西　大學生　21歲

新竹影像博物館是個公共空間，同時也是我大學時代很重要的私密空間。這裡曾放電影，各種類型的都有，由於不是好萊塢片，雖然票價便宜，但觀眾總是落落落。而這也正是吸引我的地方。我總是坐在第一排，掉眼淚時，不必擔心被別人回頭看到。我本來是不懂小津安二郎的，有次聽林正盛解說，就懂了，後來看《東京物語》，終於理解了我和父親的關係，並且好好的大哭了一頓。有時，放什麼電影、看不看得懂不重要，我就只是來此想事情。當燈光暗下來，空蕩蕩的、只有幾個人的戲院最適合思考。整個大三，面臨了升學或是就業的關口，我就在這裡想著「將來要做什麼」。黑暗而安靜，一段沉澱的時光。

記憶臨帖13　想念的記憶是個「動態」，想念意味著「離開」的傷口。有一種「離」意味著斷裂，意味著「永遠不在（再）……」，思念將如泉湧，淚將如雨般地下，人如無知的稚兒，盼著虛渺的父母。在大小的「離」之中，其湧出的能量可以迅起即滅，也可以如刀割之血流不止。真正不可思議的是「離」的傷口性。It hurts！

大榕樹‧悠閒的午後

呂碧雲　家庭主婦　34歲

榕園那棵大榕樹，該是所有成大人的共同記憶吧！比別人幸運的是，我們一出系館，就看得到它。

我和死黨，兩個女生，會撐開四肢成大字狀，躺在樹下的草皮睡午覺。

當時，我們都留短髮。當時，我們都穿便宜的T恤、牛仔褲和素色布鞋。

南台灣的陽光很大，待在樹蔭下真是涼快。微風吹過，夾雜著青草的味道。那香味，一輩子也忘不了。

現在，她在美國結婚，我已是一個孩子的媽。好像才沒多久，榕樹下的青春就這樣離我們遠去十幾年了。

蔡志揚攝影

蔡志揚攝影

火車站・人生的選擇
大君　社運工作者　25歲

火車站讓我想起了選擇，關於人生的。
高中畢業後，透過火車站，我告別台南，來到台北讀書工作。原鄉有我最好的時光，但我終究離開了，台北，則代表對獨立、及許多生活可能的追求。但久了，它卻變成某種巨大的規則，或者制約。

有段時間我非常想逃開，一個週末我獨自坐火車去苗栗，沿著內灣支線晃蕩；沒有地圖，不知方向，隨便決定哪站下哪站不下。往往是跳下車才發現只有我一人，像神隱少女千尋延著鐵軌向前走，心裡卻懊喪又茫然，此行無用，不知是為了什麼。回到小站裡，翻開一路上還未讀的舞鶴《餘生》，看到他寫：「此生唯有努力做個無用的人。」我抬起頭，頭上的老舊時刻表竟有「舞鶴」一站。正當我欲逃離「有用」之人生，正當我身在這無用之旅；我以為其中必有啓示。
在其後往返家鄉與台北之間，停留、經過每一個火車站，我總是讀著舞鶴、思索舞鶴。不以人生有用，人生才有大用。
大城、小鎮與家鄉，或離開或停留或回歸，火車站總提醒了我，關於人生位置的選擇。

餅模・家族的情感
李榮煥　百年餅店師傅　48歲

清光緒二十一年，我曾祖父一手創立了李亭香餅店。
從小，我們三兄弟就在飄著餅香的環境下長大。那時，迪化街門前還是一個市場，放學總要穿過人潮才能回到家。寫完功課，桿麵棍、各式餅模就是我們的玩具。剛開始使用餅模的時候，不小心還會砸到手，後來熟練了，還自創一套節奏明快的敲打步驟，像擊鼓一樣，自娛娛人。
這些餅模都是檜木製成的，非常厚實，它的花紋是師傅依我們給的設計圖一刀一刀雕刻出來的，和我們的糕餅一樣是純手工，而且時間越久，就越好用。從燒木炭到專業烤箱，烘焙的器具在更替，但這些餅模卻一直跟著我們。
像個老骨董，我們家五代人對漢餅的感情，也都在裡面了。

徐欽敏攝影

記憶臨帖14 然而，傷口卻將我們帶入那不可見的時間流裡。時間本是液體，永遠水聲潺潺，活著的人卻喜歡將之固體化，以便供人切割。若是這樣，記憶只能是照相本的記憶、拼貼的記憶，而不是年華似水。

記憶臨帖15 在時間長河裡，你是閃爍在河面的影子──這並非意味著虛幻，而是血脈本身的流動，亦即，時間即是生命，兩者皆流；歲月是流金，閃爍是其本質。萬一我們的癡迷將其固體化，我們活該接受傷口性的斷裂，以便尋回生命。

記憶臨帖16 生命的流動時光是Pleroma（普雷羅嘛，屬於諾斯替〔靈知〕宗教的一個世界），一切對立皆不復存在，在這個遼闊的時間中，人摒棄了一切限制；沒有排他性，沒有這個或那個，但是卻包含了這個或那個，萬物都統攝其中。任何事物都不會被排斥。這是非二元性的世界，萬物源於它，出於它又復歸於它……

酒·最初的幸福

徐多　編輯　41歲

那一年弟弟在家鄉結婚,按部就班的完成儀式後,一場卡拉OK大會就於焉開始了。看著平常拘謹靦腆的親族長輩,拿起麥克風卻可以毫無怯色的引吭高歌,這種場面讓我感到十分稀奇,然後我被一個戴著墨鏡的老者吸引住了。他用日文演唱著姜育恆曾翻唱成國語的〈跟往事乾杯〉,唱得荒腔走板卻仍非常堅持的唱下去。我趨前問母親他是誰,意想不到的是,他是我幼年心目中風度翩翩的鄒叔叔,現在他不但已屆望七之年,而且雙眼幾近全盲了。

鄒叔叔是父親的小學同學,在日本取得博士學位後,就在當地行醫,每年只有農曆年過後會返台省親。雖然在我小學的時候,父親因為工作關係經常不在台灣,但是鄒叔叔每年只要回到故里,不管父親在不在,他都會到我家看看,好像這樣也滿足了他對好友的懷念之情。

有一年,他照例到我家坐坐,非常意外的,他得知父親剛好休假回來,於是他決定多待一會等父親回家。好友即將相會的興奮也感染了我,我看著媽媽忙進忙出的準備西點小蛋糕,也看到爸爸遇見鄒叔叔時意外又高興的神情,爸爸立刻拿出他珍藏多時一直捨不得喝的黑牌約翰走路,兩個老朋友開始舉杯對酌起來。

這時我上到二樓躺在榻榻米上,看著剛從學校圖書館借來的《三劍客》,我覺得自己從來沒有如此快樂過。在我平淡無聊的少年時代,戲劇性的時刻並不太多,偶爾有些脫略平常的歡樂,也像水面的波紋一樣,總是迅速回歸寂靜,所以平淡對我而言一直是這麼漫長,歡樂卻是特別易逝的東西。但是那一天,快樂卻毫不吝惜的接踵而來,它不僅是看到朋友驚喜歡聚的興奮,還難得借到一本好看的書,期待吃到一塊大人平常捨不得買的小蛋糕,對我來說,這個不尋常的下午,讓我第一次產生了幸福感覺。

過了一會,爸爸把我叫到樓下,鄒叔叔給了我一塊蛋糕,爸爸好玩似的倒給我一小杯威士忌,我喝了一口,一股熱辣直到肚裡,兩個大人看著我怪異的表情都哈哈大笑起來。多年之後,我其實是一個不喜歡吃甜食,喜歡葡萄酒但不喜歡威士忌的人,可是對我來說所謂幸福的定義在那一天就已成型,只要有一本好看的書,有好朋友一起小酌聊天,就是再愉快不過的事情,我日後所追尋的快樂不過是不斷的重複那天下午的情景。

研究所快畢業的時候,父親去世了,距離農曆年只有幾天。農曆年後,鄒叔叔照例回到台灣,他跟媽媽說要和我們一起吃晚飯,然後他要求留一個空位,好像父親仍然活著似的,正跟我們共進晚餐。但是在我的感覺裡,這個空位與其說是頑固的佯裝一個逝去的人其實並未逝去,還不如說是坦白承認自己生命的一部分已經被抽離了,因為你失去了一個見證你早年生活之人,也因此你失去了一個可以跟你共同回憶之人,這樣的失落被具象成一個空蕩蕩的位子。這也是鄒叔叔給我最深刻的印象之一。

沒想到過了幾年,鄒叔叔已露出衰老之態,而且漸漸走入黑暗的世界中。一曲〈跟往事乾杯〉,讓我想起許多小時候的事情,我想對他來說,喚起的恐怕是更深的回憶之霧吧。一曲終了,我前去跟他敬酒,他想起我當時正在報社工作,於是問我在報社工作的理想是什麼。我瞠目結舌,不知如何言簡意賅的回答「理想」這個東西,更何況已經很久沒想到這件事情了。他看著我的窘態,也就笑笑的不再多說什麼。那是我最後一次看到他,而且在我不安的預感裡,恐怕也真的是最後一次了。

記憶臨帖⑰ 那麼，你的名就不是那麼重要了。我將你記在生命裡，並非將你刻在石碑上，而是將你的名字寫在風中，將你的笑臉刻在水面，這是何等感覺？且讓我們傾聽里爾克的〈入冥時分〉：

誰此刻在世界的某處哭，
無端端在世界上哭，在哭著我。

誰此刻在世界的某處笑，
無端端在世界上笑，在笑著我。

誰此刻在世界的某處走，
無端端在世界上走，向我走來。

誰此刻在世界的某處死，
無端端在世界上死，眼望著我。

記憶臨帖⑱ 記憶裡的流體才是靈魂。記憶如果被停格，一定沒有靈魂。我喜歡祖母，但她的臉我卻很少記得，只記得那種流動的疼。有一天非常想念祖母，就在記憶裡仔細端詳她，發現這張臉還真陌生，我比較熟悉的是她呼叫我小名的聲音，以及會笑的眼神。因之，歷歷在目的，不是人的大頭相片，而是會流動的氛圍。

記憶臨帖⑲ 與你的親密相知，不是更多或更少的問題，也不是更遠或者更近的問題，凡是以空間的賓詞所做的形容失去意味，只有時間，但不是久暫的尺度，而是它的流動：潺潺的聲響，一個閃失，一次意外的雙目相接，偶然抬頭的枝頭鳥，在冥想之間飛過的白雲蒼狗，在燠熱的午後來的傾盆大雨……

蔡志揚攝影

角落·塵封的初戀

陳建榮 軟體工程師 32歲

我的初戀結束了。
三年來的紀錄都封在一個角落裡。
那當然是一段幸福的日子。
沒去翻閱，是怕觸景傷情；沒通通燒掉，是想留住一段生命的歷程。
也許有一天吧，我會有勇氣打開它。■

蔡志揚攝影

記憶臨帖20 時間的酸楚裡頭包著濃情，在流金的閃爍裡，我看到一個小男孩在裡頭哭泣，一個不曾長大的我，自從娘胎以來，未曾出過遠門，未曾隨著刻度的時間老去，他一直蜷伏在母體空間，當他的自我意識去遠方摘取西天的果實，小男孩依舊留在家裡，依舊在祖母的三合院的泥土上，地上躺著還沒熟就掉落的小蓮霧，有時還沾著雞糞，有點濕的沙土，以及玩彈珠的小洞；從一開始，小男孩從來沒有離開那刷著青色粉漆的廳門，沒有離開那張桃花心木的太師椅。「無論多野，也不能離開……」■

本文作者為東華大學族群關係與文化研究所教授

永續

掌握世界的變動節奏，拉近人文和經濟的落差，
以利他的理念，落實企業的經營和社會的責任。

保育

◆ 永豐餘　http://www.yfy.com

奈米、生物科技透過e化的平台，不斷地在造紙、印刷、顯示等產業
創新服務，共創優質生活的未來。

【小說】

記憶蜉蝣

他的記憶像一個浮滿爛葉的淤塞沼澤，
裡頭每天有成千上萬的蜉蝣生物在進行著朝生暮死的繁殖和死滅。

文—駱以軍

攝影—徐欽敏

「有時候你臉上有一種表情，讓我想起我父親過世以前的樣子。有一點朦朧模糊的感覺，好像是拍照時攝影師的手晃了，就像羅賓·威廉斯在那部電影裡一樣，一直都是處於失焦狀態。我有一次問我爸爸那種神情是什麼意思，他跟我說那是一個人花太多時間跟其他人類相處才會有的神情。」——魯西迪·《憤怒》

不知為何，房間裡的燈都不會亮了。

他清楚地去按那觸碰式開關，開關旁的開關。房間在黑暗中如水銀瀉地一閃即逝它全部的輪廓。但又瞬間消失。見鬼了。他想。他專心地調控其中一個旋轉式開關，像多年前揉弄他那因憂鬱症而變得冷感枯槁的妻子乳房。「我的身體壞掉了。」他總在恐懼著，下一個瞬間，這樣溫柔細膩的試探動作會帶來天崩地裂的結果。歇斯底里。慟哭。捶打頭部。傷害自己。穿著性感細肩帶絲綢睡衣的，曲線畢露的身體，上面掛著一顆披頭散髮的，眼睛鼻子嘴巴全顛倒移位的頭顱。

一張破碎的臉。

光慢慢地出現。像黑色畫布上的白色粉彩畫。光暈的技法。月光穿過風中搖擺之薄紗窗簾。無人巷弄裡的街燈。光像積水那樣敷在柏油路面。

光慢慢地出現了。他妻子的臉懸浮在這個房間的正中央，不懷好意地衝著他笑。哦，不，也許是同樣複雜卻相反的情感，她的眼皮浮腫，眼瞳無神，上唇略向外翻，臉色慘白──讓他想起兒時廟會市集攤車上，那些插在竹籤上，用麻糬一般的黏濕白麵在攤販手中捏扁揉圓的白臉小人──一種倔強性格之人，乞求原諒卻擺出倨傲神色的臉。你不能不承認那是一張美麗的臉。曾有一位深諳顱相學的長輩，見過一次他妻子後，篤定地告訴他們：她的祖籍是泉州。那個城市可是十四世紀的紐約。世界中心之都。您夫人的祖先肯定有阿拉伯人的血統。那個眼珠（淡褐泛綠）、膚色、高鼻梁絕不是漢人的特徵。

他記得他童年時每見那些白麵糰在捏麵人的手指間翻來覆去逐漸成形，總是憂心這樣奇異的小細節：最後那張臉，那張描上胭脂插在竹籤上的臉，不是印滿了那個師傅不同手指的螺紋？

一張密密麻麻印滿他人指紋的臉？

在他妻子那顆美麗的頭顱下方，連接著一具，像深海螢光水母，近乎透明的胴體。即使在這樣微弱的光照下，仍可透過那玻璃般的皮膚，濛曖影綽地看見那裡面奼紫嫣紅像那些煮熟的薄皮湯圓裡，呼之欲出的紅豆芝麻抹茶內餡。

怎麼回事？不對，在那顆頭顱下方，真的是一只仿希臘陶壺造型的綠玻璃花瓶。他想不起這房間裡是在何時出現這麼一只巨大玻璃瓶。玻璃的厚度改變了折光的效果，霧濛濛的，瓶身腰腹上的幾何紋浮鏤全泛著一層流動的綠光。他把妻子的頭顱拾起（那一瞬他有些踟躕，不知該抓她的鼻子或耳朵，或像抓美杜莎的頭那樣一把抓起她的亂髮），望那瓶身裡看，原來那些花花綠綠的物事是一些大小面額的鈔票，有成疊的百元鈔，有捏

縐成一團的千元鈔。

他隱約想起，似乎是在南亞大海嘯那陣子，這個旅館的大堂，不知怎麼福至心靈，學人家便利超商或三十五元咖啡店的小捐獻箱，在櫃檯上也擺了這麼一只大肚花瓶，一旁擱著一張小卡片：「送愛到南亞。」瓶底銀光閃閃堆著一些十元、五十元的硬幣。怎麼跑到他房裡來的？

想不起來了。記不得。像雨絲斑斑點點落在車子的擋風玻璃上，他正要，快要從那逐漸成形的輪廓中分辨事情的真貌，嘩喇一下，雨刷便把所有的成串的水珠和它們周邊的蛛絲網絡全抹掉了。

發生了什麼事？

他妻子曾和他玩過一個遊戲，即她唸了一本書裡的一段故事給他聽。「你聽清楚喔，我一個字一個字慢慢地唸，有聽不清楚的地方可以叫我再重唸一遍。」逐字逐句，眼前清楚地浮現那個故事的場景，人物在裡頭說的話。過了約兩個月，她要他把故事重述一遍。然後翻出那本書裡的故事原文比對，發現他從記憶裡撈摸拼湊出來的版本，和原來的情節有著許多出入。一些細節被省略了，原故事裡一些歧突古怪的邏輯也被重新修改變

得合理了。故事中一些不起眼的小物件（類似橡樹籽、獨木舟、獵海豹的特殊刺槍），他反而沒有誤漏地記得。「這是什麼怪書？是在測繪你的記憶幽谷下面隱藏的人格特質嗎？」

他的妻子一直咕噥著他的記憶形式和書裡分析的完全不同。那些遺漏、替代、修改，或圖像移轉的方式，完全不同。「也許你是個殘忍的人。」你記得的全是那些別人不以為意的部分，別人記得的你卻用一種滑稽的方式將之修改……

什麼意思呢？他記得那時他妻子要他兩年後提醒她再對他作一次測試。看看那時他對這故事殘存的印象。但後來他們根本忘了這件事。生活本身像一隻不斷蛻皮的蛇。他覺得他的記憶像一個浮滿爛葉的淤塞沼澤，裡頭每天有成千上萬的蜉蝣生物在進行著朝生暮死的繁殖和死滅。一代替換著一代。如果他這個人的本身是由這些在時間流中浮起又殞逝的記憶蜉蝣聚落組成，那其間代謝抽遞之快，現在的這個「他」，和多年前的那個自己，早已是兩個完全不同的星體。

許多年後，他努力回想當年的那個故事，好像是兩個青年，原本要去獵殺海豹，其中一人卻在途中被一群

人拉去參加一場印地安人的戰役。他記得那場戰役似乎是沿著一條河流，雙方死了非常多人，場面相當慘烈。不知在哪個關鍵時刻（他不記得了），年輕人悟出他正參加的是一場幽靈戰役。後來他回到故鄉，誇耀地把戰爭的經過描敘給他的族人聽，沒有人相信他說的。但當天晚上他就口吐黑汁死了。

後來的記憶像找不到歸鄉路的鬼魂，漂泊不知今夕何夕，不知置身何處，不知自己原來的面貌該是啥模樣？

他試著回想：那天夜裡，還有沒有別人進過他的房間？一些近距離的，像撕破的人皮裡再跑出一具新嫩光滑的身體，或是像少年時為了觀察「太陽黑子」，和同伴耐心一根火柴接著一根火柴燻燒敲破的啤酒瓶底那樣的悠緩時光。他記得女人的身體像浮潛時遭遇的魚群在他周身穿繞迴游（所以畢卡索畫裡的那些女人絕對是處在作愛時刻的女人，非如此不可能在短暫瞬間翻動，移形換位，變更那許多不同角度的近距特寫），在那近乎冥修的恍惚靜默時刻，女體的每一部位每一角度盡皆秀色可餐。無所謂之敏感帶。他有時俯瞰著觀察，有時置身在其中，有時竟像用肩脊在駄揹（女人強烈的氣味從他頭顱上方傳來），因為他們皆不斷在變動、移換著各自身體的造型。在那持續的，像牛奶河流（從各方來的水流朝著同一方向匯聚，但又有表面的急流覆蓋住底層的緩流，或是在較陡深的河床地形處形成漩渦）一般的沉醉時光，只有一些突兀的，銳角切割的動作打斷了整件事的完整性。有一幕是，女人幫著他，兩人一起費勁地剝下那緊束在她胯骨和臀突間的「塑身褲」，但那件褲子像章魚吸盤一樣怎麼樣都脫不下來，女人喘著氣說：「我自己來好了。」她先把絲襪脫下，再努力地扯下塑身褲，再把絲襪穿上，現在她又變成那個輕覆蟬翼，可以一層一層輕輕揭開的柔弱花朵。不會在過程中怵目驚心出現強力塑膠觸感的水蛭吸盤或蚯蚓的韌勁生殖環帶了……。另一幕是，女人被他弄到整個身體都發熱溶化的時刻，把她那白皙的喉頸仰起，一隻手拉著他的手，順著乳房上翻的弧線，讓他撫摸她的鎖骨、後頸、耳際、唇間，最後停在她那撐緊的喉頭。

手指殘存的記憶。一晃即逝的念頭。那時他似乎摸到一個類似喉結的硬物。

所以那個女體並不是他的妻子？

本文作者為作家

懷舊，到底是怎麼一回事

歷史的真實面目已模糊不可辨，我們身處在由各種片段堆砌出的影像世界。

文—冼懿穎　圖—Beatniks

「Nostalgia」（懷舊）這個詞是由兩個希臘字所組成：nostos（返鄉）和 algia（渴望），有「思鄉」的意思，是由一位瑞士籍醫生霍佛（Johannes Hofer）於1688年新造的詞語。

懷舊，是一種病。

在捷克語裡，用來形容思鄉的相關詞是「Litost」，米蘭・昆德拉的解釋是「它指的是一種感覺，是像一個拉開的手風琴一般地無止境，是綜合了許多其他感覺：悲傷、同情、後悔、和不明確的嚮往。這個字的重音是在那長長的第一音節，唸出來之後聽起來像一隻被遺棄了的狗在哀號」（《笑忘書》）。

在「Nostalgia」還未演化成像現代人這種「Litost」式的悲情浪漫前，它被視為一種疾病。十七世紀在國外打仗的瑞士傭兵、離開鄉間去打工的僕人等便是首批的病者，霍佛指出「懷鄉病」會令患者覺得噁心、食慾不振、發燒、腦炎，以及有自殺傾向等等。不過在當時「懷鄉病」是可以治癒的，那就是利用放血、溫熱的安眠藥物、鴉片，以及回到阿爾卑斯山就可以舒緩症狀。

要醫治「懷鄉病」，家鄉食品發揮了填補心靈空缺的作用，童年在桂林度過的白先勇2001年回故鄉時發現，小時候最愛吃的花橋榮記米粉已經沒有了：「我回到桂林，三餐都到處找米粉吃，一吃三四碗，那是鄉愁引起原始性的飢渴，填不飽的……」（《白先勇自選集》）

只要有華人的地方，便可發現「台式珍珠奶茶」、「港式飲茶」等字眼的影蹤，有些唯恐說服力不夠，還加了大大的「正宗」紅底白字。不過，無論煮得再好吃，還是不及在故鄉品嚐的好。家鄉在香港的我，雖然很喜歡吃鹽酥雞，但偶爾還是要搜索哪裡有叉油雞飯。最近找到了一家不錯的港式燒味店，燒肉皮脆配菜豐盛，但還是治癒不了我的「懷鄉病」，因為它缺乏了「正宗」港式燒味飯的重要角色——薑蔥油。

懷舊，是戀物式的。

　　感謝王家衛，讓老牌「金雀餐廳」吸引香港本地人和遊客慕名而來，那是《花樣年華》裡周慕雲和蘇麗珍偷情的地方。喜歡王家衛電影的人，很大部分是爲了那些零碎而曖昧的懷舊符號：高領無袖旗袍、碎花壁紙、有如走鋼索般驚險萬分的歌聲、一種黃與綠色的氛圍⋯⋯普魯斯特所謂的「過去」是：不能觸及的某個地方，明白無誤地存在某些物件當中，即使我們未必能夠察覺是哪個物件。在我們生前是否有緣跟這個物件相遇，則完全靠機遇。也就是說，我們並不一定能夠發現自己的「過去」。

　　班雅明也有類似的說法，他認爲「過去」的真實面貌（true picture）飛逝，我們只能在突然間辨識、並捉緊「過去」稍縱即逝的「影像」（image），但也有可能沒有機會再看到。

　　如何可以把轉瞬即逝的時光再度重溫？王斑說：「無法觸及但不斷地召回，作爲想像的慰藉，以資玩味摩挲，這便是懷舊物件的賜予。」（《歷史與記憶：全球現代性的質疑》）透過物件，想像才得以被展示、保存和不斷重溫，所以懷舊是戀物式的。「懷舊常常是點到爲止的氣氛營造，收藏卻是不斷的累積沉澱，讓一個時代的記憶，可以用多種多樣的物件與多層次的質感來表現。」（《台灣古董雜貨珍藏圖鑑》）收藏是懷舊的主要呈現形式，藏品最好是可刺激感官的實體，譬如拉開抽屜把一本藏書拿出來，單是這個動作已有懷舊意味，檢閱書上的皺痕、翻動紙頁時所發出的霉味，也是牽動回憶的觸媒。因此，打開電腦讀取「我的文件」裡用細明體所「寫」成的日記Word檔案雖歷久常新，卻無法給人懷舊的情懷。

　　收藏以及展示藏品的地方，從公共博物館的珍品到私人收藏者家裡的仿造品，收藏者的家儼如一個小劇場。班雅明認爲由現代技術所複製的工藝品，脫離了原物被創造時的獨特時空，其獨有氛圍——「靈光」（aura）便從物品（不只是從複製品甚至是原物）裡流走。無可否認原物所賦予的想像空間比複製品高，不過對收藏者來說，他們本身對藏品的認知和想像力，或比物件原有的靈光還重要。

懷舊，是一種永恆的時尚。

關於張愛玲，離不開懷舊，她可以說是上海懷舊風的icon。不少人會用奇裝異服來形容張愛玲的衣著，她自己本身亦喜歡談衣著。那張最近在電視劇裡被模仿的照片——穿著旗袍、手插著腰、昂著頭，這樣的張愛玲有一種模特兒走貓步的架勢。在《對照記》中她寫道：

「上衣是我在戰後香港買的廣東土布⋯⋯鄉下也只有嬰兒穿的，我帶回上海做衣服，自以為保存劫後的民間藝術，仿佛穿著博物院的名畫到處走⋯⋯做了不少衣服，連件冬大衣也沒有，我舅舅見了，著人翻箱子找出一件大鑲大滾寬博的皮襖，叫我拆掉面子，皮裏子夠做件皮大衣。⋯⋯我怎麼捨得割裂這件古董，拿了去如獲至寶。」她的時裝概念走在她的時代之前，同時卻愛懷舊，喜歡拿骨董衣裳玩DIY（把祖母夾被的被面拿來做衣服）、玩Mix and Match。

「想當年」不一定是老人的專利，班雅明認為「All future is past」、「Past things have futurity」，照字面可解作為「未來就是過去」，「過去的事情具有未來／將來性」。「懷舊」這個主題其實在每一代年輕人的流行文化裡一直存在，這跟班雅明在《歷史哲學提要》（*Theses on the Philosophy of History*）裡所提及的「歷史天使」有一點點雷同，就是「倒著往前飛」，只是在這個層面上，懷舊並不是傷感或消極。

Retro（復舊）和Vintage（陳舊）是時裝設計師或其他潮流創造者常會用上的設計概念，六、七〇年代更是眾設計師喜愛的年代，是他們擷取創作靈感的神殿。隨便走進一家感覺「摩登」的咖啡廳或家具店，類似Eero Aarnio的Ball Chair復刻影子處處皆是。布希亞說「fashion is always retro」、「時裝是過去各種形式最直接和最完全的循環回收」，在設計師揮動的魔杖下，過去的流行元素每隔一段時間便會雜糅其他創新元素，以不同姿態借屍還魂。

你能想像屬於六〇年代的氣味是怎樣的嗎？《*NYLON*》2005年2月號回顧六〇年代最暢銷的香水品牌，包括：Christian Dior Miss Dior、Yves Saint Laurent Y、Estee Lauder Youth Dew和Crabtree and Evelyn Sandalwood。氣味是最快啓動回憶的鑰匙，如某品牌的香水教人想起母親常用的一條手帕、某種花露水讓人想起穿碎花長衫的祖母打毛衣的景象⋯⋯

懷舊，是真還是假的？

終於輪到八○年代。近年的懷舊相對變得年輕了，也許只是十多年前的事物。2004年是八○年代流行文化的復甦年，時裝不用說，像legwarmer、Diadora運動鞋等等又再成為時尚雜誌的hot items；忍者龜、He-man、Pacman等公仔、遊戲全都「重出江湖」了。懷舊情結的出現，也許是由於生活在冰冷的人工智能社會裡，相對low-tech年代、在父母保護下的成長期回憶才能帶來安全感，一切的「舊」代表了「確實可信」。流行文化是造成集體記憶的主要成分，法國社會學家霍布瓦克認為集體記憶在不斷變遷的現代生活裡提供了一個穩定、規範性的區域；這個保護網調解過去和現在、自身和別的個體。

如果懷舊是關於自身真實的成長經驗，那中港台不甘人後地不斷複製舊上海又是什麼樣的一種懷舊？如上海的新天地、香港的Shanghai Tang，以及台北的廣生食品行等，到那裡消費、懷舊的人也不見得曾經經歷過那個紙醉金迷的年代，更有些店家主要做的是那些尋找exotic經驗外國遊客的生意。社會學者阿帕杜萊稱此為「安樂椅式懷舊」（Armchair Nostalgia）——這種懷舊是真實的，還是只是虛擬的？

新天地的發展商這樣形容：「以中西合璧、新舊結合的海派文化為基調，將上海特有的傳統石庫門舊里弄與充滿現代感的新建築群融為一體。」又或舊式包裝設計的新商品，以至於各種懷舊電影等，也都是透過真實／想像、中／西、傳統／現代，零散雜糅地模仿懷舊氣氛。有人便認為這正是詹明信（Fredric Jameson）所指的由刻板印象的過去所組成的大雜燴模仿（the pastiche of the stereotypical past），歷史的所謂真實面目已模糊不可辨，我們身處在由各種片段堆砌出的影像世界。

關於懷舊和將來的說法，已故香港作家丘世文講得不錯：「緬懷過去，是歷史感的開始；回憶往事，是價值觀的泉源。只有不能忘記舊事的人才能珍惜現在寄望將來。」（《看眼難忘》）▪

我是一個記憶夾心人

選擇性的記憶往往受到主／客觀互滲的牽連支配，令人深切感受到作為一個記憶夾心人的有口難言。

文·圖片提供—湯禎兆

關於記憶的弔詭——無論是扭曲、變形或虛擬
其實都不是新鮮事。在藝術表現上，它早已成
為不少人的必殺技。台灣有黃凡，大陸有
余華，他們玩弄記憶的後設手法早已
到達順手拈來的地步。電影《陽
光燦爛的日子》早已為我們
對青春期的反叛記下了
扭曲的新詮，而去到了今時今日如法國
才子奧桑鏡下，一若《泳池謀殺案》（Swimming Pool）把類型規範
和記憶把戲作出美妙的形神結合，作為觀眾的大抵也只能瞠目叫好。

　　只是我一直覺得以上均屬非日常性的記憶弔詭——意指是主事人刻意為
之的重組解構，從而去滿足藝術上及創作上的探索。反而對一般人來說，更
親近的，是日常性的另一種記憶弔詭——你可以名之為「選擇性的記憶」，它
往往受到主／客觀互滲的牽連支配，令人深切感受到作為一個記憶夾心人的
有口難言。

▲Beyond中的黃家駒

▲黃耀明

超時空歌神許冠傑

　　有時想做一個記憶夾心人也絕不輕易：以2004年回歸延續至今的許冠傑熱潮為例，一切來得氣勢迫人，唱片店中的《許冠傑04繼續》瘋狂熱賣，而所有影碟店內也不約而同一起齊播《雙星報喜》，更不用說連TVB不經大腦剪輯的《歌神再現啟示錄》，都看得人津津有味。我自己是許冠傑的歌迷，在中學時代主要受同學影響，琅琅上口的是〈等玉人〉及〈獨上西樓〉等小調情歌。

　　但我又不能說自己與許冠傑並時共生共存，因為我錯過了他的樂隊年代，而且《雙星報喜》也不過於今天才算是第一次稍窺全貌。我當然被「好姨」（薛家燕）當年的芳華正茂技術擊倒，同時更為以前「聽歌學英文」銘心不已。不過更重要的刺激，是促使我反思自己那一代是如何去「接受」許冠傑。

　　正如剛才所說，我與能夠在電視機前與子女分享當年歌神豐功偉績的父母輩不同，自己沒有身歷其境的發聲權；但與此同時，我也並非如一張白紙般予人任意重新譜寫歌神新貌。我想起八〇年代中學時期的往事，那時候大家均一本正經去看待許冠傑，乃至其他本地的流行偶像。我手上還悉心保存當年的校報《火炬》，同學分析〈雙星情歌〉的起承轉合與詩詞作法基準互通聲息，從而道出宋詞與許詞中愛用口語的一些雷同風格。

▲許冠傑

　　這樣回溯並非想為昔日的同學作超時空的臉上貼金，而是想指出一個流行人物的「閱讀」方式，往往和個人的自決選擇有密切關係。當年作為中學生的我們，其實不過利用許冠傑去尋找肯定本土化的發聲努力，當然我們還不曉得用冠冕堂皇的名目去為自己的行動定性。那其實也是肯定自我的一種表現──許冠

傑可以突破流行曲的局限，我們也可以超越中學生辦報的稚嫩邊界。

　　當然一切也不過是一個藉口，今天回頭看許冠傑，並沒有什麼大不了的破格，而我們也不過成為了芸芸眾生的一分子，但因為曾經相信，所以那一刻已經與眾不同。作為一個記憶夾心人，啟動對許冠傑的記憶屬潮流沒頂的形勢所迫，我還沒到虛構記憶這一步（雖然是不少人於創作上的慣伎），但也不敢保證突出以上這段「個人許冠傑接受史」，絕無私心的扭曲變形成分——如果真有其事的話，相信也不離希望各位堅信自己與眾不同的年輕人，再一次可以在他身上證明自己。

我看見的你是我自己

　　因年代而造成的隔閡，始終是我作為記憶夾心人的記掛焦點。當我去年在藝術節聽林一峰、Ketchup及the Pancakes的「1，2，3到你！音樂會」，其中一個環節由他們選唱影響自己較深的「名曲」，而the Pancakes以小六女生式的聲線喊破喉嚨引吭高歌Beyond的〈舊日的足跡〉，自己登時差一點笑破肚皮險些從椅子滑下地來。本來一心以為the Pancakes不對稱的錯位演繹會是全晚的高潮所在，想不到好戲在後頭，一曲既罷台下全無反應，原來好像無人對Beyond這首成名作有印象。

　　再重省作為記憶夾心人的身分，我想起八○年代的Beyond，在八○年代出生的新生一代中（當晚的主要觀眾層），原來已遠非成長於八○年代的我們心目中想當然般重要。那不是說Beyond的歌迷會銳減或是如何（那畢竟是林一峰、Ketchup及the Pancakes的演唱會），而是作為不同年代的本地歌迷，口味的代溝於可見的未來將會日益拉闊。

　　事實上，上一代歌手的支持率近年來不跌反升，以往的實力派人馬由張德蘭、劉鳳屏、張偉文到宣傳鋪天蓋地的羅大佑，都得以在2004年中舉行演唱會，可見老一輩歌手的復出浪潮絕非偶然，某種程度也反映出上一代樂迷對現下樂壇充斥大量五音不全歌手的不滿。但另一方面，年輕人對唯新是尚的風氣也樂此不疲去追逐，繼Twins鎖定天下後，由只有十一歲的組合Cream到2R（Race及Rosanne）到女生宿舍，其實也各有支持者，只不

過大家的音樂地圖畛域益發涇渭分明罷了。

　　如果我剛才對許冠傑的思憶是一種選擇性的記憶，目的是把經驗作傳承溝通，是企圖鼓動年輕人去「利用」許冠傑來成就自己。那麼「1，2，3到你！音樂會」的例子，正好說明記憶的終極弔詭——只有對記憶對象本身抱持興趣的聽／

觀眾，才會有動力去思考什麼變形或是虛擬的關係，否則從另一角度來看，也可視之為思憶者閉門造車的自閉遊戲，只娛己不娛人。

達明一派的例子不好談

只不過有時候談記憶會兩頭不到岸，譬如說令記憶夾心人頭痛不已的達明一派。和許冠傑不同，歌神具備的是君臨城下的高姿態回歸氣勢，你基本上不可能加以抗拒，不明所以的人也只好從各式精選碟中，尋找一鱗半爪的今昔連繫以便進場投入一番；至於不認識已拆夥的Beyond的人，也可繼續捧著林一峰的《遊樂》不放。但是達明一派──今時今日的「六、七字頭」（六○及七○年代出生的人）無一不自認為達明一派的粉絲，對〈天問〉及〈十個救火的少年〉等諷刺時弊政局的作品喃喃上口，那真的是一種毫無壓力下的主／客觀結合烏托邦理想國嗎？

當身旁年紀相若的友人不斷come out表明達明粉絲的身分後，我先前擔心的記憶弔詭不期然又轉移至同代人身上。我們真的是義無反顧一往情深擁護達明一派嗎？

八○年代的樂隊有走清新風格的凡風、小鳥；玩五音不全的AMK；有林夕支撐大局的Raidas；當然還有最有樂隊風格的Beyond及太極。二人組合亦多若牛毛，有我為之神魂顛倒的夢劇院（當年由兩名香港中文大學女生組成的團體，一手包辦所有歌詞，成員之一李敏仍活躍於媒體中）、有當年李蕙敏壓陣的Echo、還有我已全無印象的Face to Face──那即是說我們的集體記憶為何僅高度約化成達明一派世代？

其實我們每一天都在選擇記憶，大家的目的或許不同：有人為了突出自己的文化族群身分、有人為了顯示個人的伯樂眼光、也有人僅僅只為了come out而come out──只是結果卻原來與刻意的向壁虛造別無差異。那即是說，不需要當一個小說家才能成為一名大說謊家，日常性的記憶選取，已是自然而然的變形扭曲。

本文作者為香港文化工作者

電影中的「瞬間」

瞬間在電影中，已經不只是剪刀剪過的那一刹那，
而是捕捉到我們的視線而得以呈現、伸展的那一刻。

文—黃建宏

成瀬巳喜男的《浮雲》（1955），描述著一對戰爭時的情侶，在戰後今非昔比的一連串考驗與變動後，當富岡謙吾終於為幸田ゆき子的真情所感動，決定安定下來，不料此時ゆき子卻因為傷寒而病入膏肓。當謙吾在風雨飄搖的燈泡下，在臨終的ゆき子唇上抹下最後一道朱紅，隨之，浮現出戰時在南洋森林裡追逐的柔焦記憶，使我們看到ゆき子為愛情的執著與付出，一個從死亡訣別回到生命邂逅的轉折瞬間。

弔詭的獨特點

這通過瞬間召喚記憶、觸動心弦的橋段，正說明了電影在各種藝術表現中的獨特位置：它虛構著記憶片段，又將我們放逐在碎片之間，找到那生死之間隱現的致命悸動。電影的瞬間，將當下與記憶摺疊成一道生命的痕跡，使得觀眾可以在一種彎曲的時間平面上，捕捉到內在情感的深度，這雖非電影的唯一重點，卻可以說是電影最動人的魅力。

《東京物語》（1953），小津安二郎

「瞬間」其實是一個弔詭的概念。瞬間，是一種沒有時段長度的時間：一個瞬間，唯有在物理性的相對性量測下，才等同於其他瞬間，但人又無能去定義出一個沒有長度的理想點。畢竟，作為時間長度的瞬間是不存在的，以致瞬間與時間之間產生了一個無法消解的弔詭性。但它又確確實實地存在於我們的知覺經驗或想像知覺中，既是一個無法取代的突出點，又是一個可能不斷出現的張力點。

這個點跳出時間的延續與流變，在另一個鄰接關係不斷變動的動態曲面空間裡，架撐起所有鄰接點於某種狀態下的關係。當一個瞬間烙印在某人心裡，許多生命中的相關碎片都會通過這一瞬間來連接，在一次次的追憶中重繪生命圖像。這些關係網絡的臨時性結構，形成一種可重複的獨特，或說獨特的重複：瞬間，於是不可能作為獨立於知覺之外的物質性存在，它就是一種時間的感知，就是記憶。

雖說，記憶中的事件必然曾發生在某個時間點，但標記了這記憶的瞬間，又獨立於不斷前推、抹拭過去的時間長流之外。這種時間感的強度，使得它被複寫在我們的記憶之中，帶出另一個透視景致。它跳出生命，又弔詭地表現出生命的獨特性與動力。在電影裡——這門不斷嘗試記錄運動、創造幻象的創作裡，如何處理出這樣一種與我們、與人物、與故事都密不可分的時間，便是每個導演所面對的重要課題。因而在電影中，繁生出許多企圖捕捉「瞬間」的表現形式與手法。

在凝視下自影像生成

在電影中，最早賦予瞬間某種複雜心理層次的例子，可以推到格里菲斯在《國家的誕生》（1915）中，為了表現女主角面對危機的心理狀態，而運用莉莉安·姬許的容貌「特寫」，介入整個連續性的敘事之中，成為「瞬間」。這瞬間使我們從故事跳轉到主角的心理狀態之中。雖然這並不涉及到記憶，可是卻是第一次成功地用影像虛構了意識層面的滲透，也是第一次嘗試跳脫出單線式的敘事。

於是，瞬間在電影中，已經不只是剪刀剪過的那一刹那，而是因為捕捉到我們的視線而得以呈現、伸展的那一刻：這是羅蘭·巴特對於照片所指出的影像特性，即他所謂的「刺點」，意即照片中某一點直接觸擊到視線。於是，瞬間在凝視下自影像中生成。

如此的看法，呼應著巴特對於電影感到的不耐。他指出單格靜止影像中的能動因子，就足以作為一種跳脫出意向性的強烈符徵，不需要電影對寫實運動的模仿。如此一來，瞬間甚至存於單一影像中，作為意義尚未形成的一個點。

像曼奇維茲的《彗星美人》（1950），這部描繪著一個平凡女人為了成為名伶的奮鬥過程，便直接將這個點用「定格」的手法，具體化為召喚回憶的瞬間：當名伶艾娃上台接到獎項的時刻，影像突然停止，接著透過其他人物的描述，以不同觀點說明艾娃的愛恨情仇，揭露其成功所隱含的明爭暗鬥的殘酷過去。於是，定格的瞬間代表著不解當下時間的流動，質疑著當下的表象。這驟然的停止，不是敘事的無能，相反地是敘事的轉機。

還有著一個在電影中最為古老，卻在六○年代後長足發展的「瞬間」，就是「插卡字幕」。早期的默片是插卡字幕，黑底白字，意味著故事本身的「對象化」，也就是說，在插卡瞬間，我們突然被置於聽故事的位置。德國表現主義與俄國構成主義，都曾企圖用字體的形式表現來彌補這敘事的斷裂。但到了高達，他的插卡瞬間，不再只是說明故事的文字，而是口號式的文字，還有漫畫、海報與書頁的圖像。這樣的瞬間，同樣召喚著回憶，但不是原本影片中虛構的回憶，而是影片之外的文化符號與人民記憶，將影片的虛構同我們的處境連接起來的批判時刻。

這樣的批判時刻，在侯孝賢的《悲情城市》（1989）中有著更為細膩多層的表現，就是兩地知識份子圍桌論政時，梁朝偉和辛素芬兩個人聽著古典音樂，插入了解說樂曲由來的字幕，既說明了大環境的文化殖民經驗，又說明著政治與非政治，說與不說之間的無窮韻意。瞬間，得以召喚文化的集體性記憶，讓我們的生命與影像進行對話。

在瞬間裡看見「無」

伴隨著法國新小說的發展，瞬間，更成為一個無盡的深淵，在電影中則以雷奈為著。像《廣島之戀》（1959）中，描繪著一個法國女人，因為戰時作為德國飛行員的女友，而在戰後被當成叛國賊當街遭受凌虐。原爆結束了大戰，但她卻因此背負著創傷的記憶。當她去日本廣島出外景時，面對著身旁沉睡的日本翻譯員，卻瞬間閃現垂死德國愛人的手，或原爆博物館的畫面。這種記憶的延續，已不只是記憶的回返，而是無法回返，延伸為無所不在的痛苦。

這種無法回返的記憶，不限於永劫不復，也可以是心靈深處的神祕點：一個看不見的點。在小津安二郎的片子裡，這看不見，或說看到「無」的瞬間，例如爸爸看見已出嫁女兒擺好的牙膏，或女兒看見去世的爸爸棉被工整的房間，觀眾看見人已逝去或離開的空鏡頭，海、火車、電線桿……，我們訝異，電影有著如此極端

的慾望：讓我們在瞬間裡看見「無」。

關於此，奧森·威爾斯的《大國民》（1941）可以說是影史上最重要的例子之一，片末出現的水晶球和刻著「玫瑰花苞」（Rosebud）的雪橇，帶出了那位傳奇大亨一生的探究、對童年回憶的眷戀，觀眾要到電影結束前才能恍然大悟。最近的影片則以韓片奉俊浩的《殺人回憶》（2004）最耐人尋味。瞬間，在最後點出了之前所有記憶的荒謬或失焦，企圖指向一個無法說明的記憶，這是電影藝術最高的追求：無法再現的再現。

甚至「無」，都存在著另一種發展，在數位技術的虛擬下，瞬間可以被恆常地停止，全然赤裸地，迴轉到暈眩的程度，成為一個不再存在記憶的瞬間（如瓦秋斯基兄弟的《駭客任務》〔1999〕或艾曼拿巴的《睜開你的雙眼》〔1997〕）。

事實上，電影不論是模仿現實，或是深探內在的經驗，都使得瞬間不再是有形的剪刀或乳膠的落痕處，而成為思維進行或電訊傳播中無形的轉折，或說一道縐摺。瞬間與記憶，就像一對乖離又各自牽掛的戀人，一端或拉著或推拒著另一端，甚至，瞬間珍藏著一個停駐、遊走、活在空無中的記憶，一個沒有記憶的記憶。

本文作者為世新大學廣電系兼任講師

科幻電影的記憶告解

文—張草

　　哲學家、科學家們探討記憶經年，對於「記憶是怎麼發生的？」依然未下定論。正因如此，科幻家們才有充分的想像空間可供發揮，但是在流行的科幻電影中，未見有深刻討論記憶的「本質」，而只是在記憶的「後果」上打轉，目的在營造出懸疑的故事性。

　　就記憶的後果而言，姑且勿論港片或洋片氾濫的「失憶」橋段（成龍、黃飛鴻、麥克‧戴蒙全用過），那只是主角一時忘了我是誰，而科幻題材討論的遠超過這些。

　　科幻作家菲立普‧迪克（Philip K. Dick）被改編成電影的故事中，《記憶裂痕》（*Paycheck*, 2003）的主角要找回他消失了的三年記憶，這是記憶被部分刪除的例子；而《魔鬼總動員》（*Total Recall*, 1990）和《強殖入侵》（*Imposter*, 2002）的主角則記憶被完全更改成另一個身分，前者原來是奸險企業家，後者是侵略地球的外星人，他們改動記憶後，對新身分產生認同感，拒絕再回到過去的人格。因此，記憶的操弄包括了刪除和加入兩個程序。

　　《記憶裂痕》的主角被刪除掉特定的某段記憶，但記憶是一個總和，包含了由眼、耳、鼻、舌、身、意等各途徑輸入的元素，分布在腦袋瓜的不同區域，相互又有複雜的聯結，如同將一份檔案散落在巨大資料庫的好幾十個不同的檔案櫃中，我們該如何精準的去找到那段記憶並予以去除呢？如《魔鬼總動員》和

《強殖入侵》將記憶完全重設，其實並不會更簡單，記憶真能被抹除得乾乾淨淨嗎？或是像燒錄後無法抹去的檔案？而所謂遺忘其實是檔案躲藏在某個角落了？

　　相反的，添加記憶可簡單多了。

　　老片重拍的《戰略迷魂》（*The Manchurian Candidate*, 2004）即是在日常記憶中加入假記憶，劇情是利用晶片和虐待式的藥物與心理暗示以達成目的。這類以軍方實驗為題材的虐待式修改記憶方式，電影中不算新鮮，事實上催眠就能添加子虛烏有的記憶，美國就曾發生女兒控告父親，因為她在諮詢心理醫生時「記起」小時候曾被父親性侵害，她父親喊冤，後來竟查明果然冤枉，原來是心理醫生在回溯催眠中預設立場，經不斷重複的暗示將假記憶植入。

　　科幻中最簡易的是用晶片植入記憶。史特龍在《超級戰警》（*Demolition Man*, 1993）中冬眠數十年醒來，發現自己居然會織毛線，原來他被植入織毛線這種技能的晶片，也就是說，技能（skill）成了一種不需經由學習的記憶（定義上，技能需經學習）。這種晶片該如何製造呢？說到底，最簡單還是直接從擁有此技能的達人記憶中直接複製該記憶，所以我們又回到老問題：如何自芸芸眾神經元中找出特定的記憶？姑且不論實際操作的可能性，果真如此，未來人類的優秀程度就決定於他被植入的晶片，這又將是一種新的不平等。

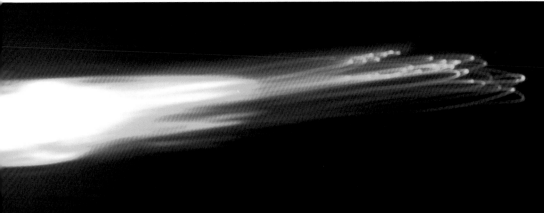

記憶晶片尚有一種功能，在《悍衛機密》（Johnny Mnemonic, 1995）中則是將人腦當成硬碟來運送機密檔案，也就是說，人腦的記憶空間還可供出租。這令我想起日本漫畫《哆啦A夢》（Doraemon）就有一種道具可將美好的回憶給錄起來，然後可一次又一次重複體驗，甚至與他人分享。

相較於前述的加插小段記憶，電影《極光追殺令》（Dark City, 1998）是完全交換記憶，外星人能將一切記憶像液體般自腦袋抽出，再注入另一人腦中，身分就轉換了。在《雷霆穿梭人》（Freejack, 1992）中，年老的未來鉅富想換個新軀體，逝世前則將「靈魂」儲存在巨型電腦中，再利用時間旅行從現代世界綁架一個年輕人，準備利用高科技交換軀體，最後年輕人假裝已被替代，他還擁有自己的記憶，卻也混入了一些鉅富的人格和記憶。

鉅富已經失去肉體，他被儲存在電腦中的記憶，是否彷彿活在電腦中的靈魂？抑或只是一堆無意識的位元？即使這些電腦中的記憶表現得像活生生的本人，那真的還是他本人嗎？這是很令人懷疑的，就如將電腦的所有資料全拷到另一部空白電腦中，你也不會認為那仍是同一部電腦。

如果有任何人以為可以複製自己，然後在年老時植入記憶，就可以延長壽命，那恐怕是白費心血，正如《魔鬼複製人》（The 6th Day, 2000）中阿諾的複製人擁有他的全套記憶，也以他的身分生活，但依然不是他本人，複製人完全是另一個獨立的人格，

即使是將腦袋換過去，恐怕也一樣，因為人之所以為人，可能僅以硬碟（大腦）或位元（記憶）未足以定論。

與《雷霆穿梭人》的老富翁相反的是，《駭客任務》（The Matrix, 1999）中活在電腦中的人類仍保有肉體，但自嬰兒時期就被泡在營養液中當成巨型電腦的生化電池，他們一生的記憶都是電腦給予的虛擬感覺。這些記憶對他們而言是真實的，但有多真實？虛擬世界中的蛋糕味道與真實的有多相近？電腦該如何模擬？即使與真實有所不同，這些電池人類又有何機會去比較？

除了虛擬和真實的記憶版本問題之外，科幻還有一種類似人格分裂的記憶版本問題：時間旅行中發生的「觀察者效應」（Observer Effect）。最好的例子在《回到未來第二部》（Back to the Future Part II, 1989），當過去（因）被改動之後，未來的歷史（果）也因此改變，但只有時間旅行者本人記得這些改變，只有他知道不同版本歷史的存在，其他人則渾然不覺。這在科幻中稱為「多重宇宙論」，同一人物在不同版本的宇宙中有不同的經歷，亦即不同的記憶——那還會是同一個人嗎？在李連杰主演的《救世主》（The One, 2001）中則認為當然是不同的人，而且還互相殺害。

我們沒有回答問題，反而提出了更多的問題。

本文作者為科幻作家

清醒與昏迷之間

可真可假、若隱若現、時有時無。記憶讓人清醒，同時又讓人昏迷。

文— 裴元領

失憶

快速且大量的資訊連結，是現代或後現代社會的顯著特徵。因為快速，所以「落後」變成常態；因為大量，所以「片面」就是現實。

從一點到另一點的連結，構成記憶的原型。「我記得」的機制就是從某一點向另一點運動的集合，無論出於意識或無意識。

但「這一點」如何出現？能否準確回溯它的起源？為何又朝向「那一點」？

任選一個自己也不甚明白的出發點，如「我記得『我記得』」，將在多次繁衍後變成「我不記得」。

「我記得」的內容以愈來愈快的速度落後，變成模糊的背景乃至消失。

「我記得」的方式加速調整，導致可變性愈大，可信度愈小。

失憶與記憶同步擴大。記憶愈多，愈容易耗散。

在模糊的背景裡，出現「好像有這回事」的信號，光年般遙遠。

連「好像」都消失了，才能身體力行，泰然自若。

適時說「我忘了」，是創造、寬容與保健的藝術。

「失憶」有時是一種美德，例如忘了仇恨、貪婪或殺戮。

想忘的忘不了，要記的記不起，才是悲哀。

但願我記得，在失憶的世界。

教育

假如有人能將從幼稚園到博士畢業所學的知識全部記得，絕對是奇觀。

幸好，現代教育根本就不打算讓任何人展現這種能力。

學得愈多，忘得愈多。

其出彌遠，其知彌少。

浪漫主義的教育理念將產生「馬基維利作用」：讓你看見一切，就等於什麼都沒看到。關鍵在於「看見」不等於「知道」，

「知道」又不等於「真知」。一生中真正知道的事情愈少，被操弄的機會就愈大。

什麼是真正需要知道的事情？什麼是根本不需要知道的事情？

在難以計算的浪費中，許多人背下一堆這輩子很難派上用場的語詞、公式或技術。準備考試時邊畫重點邊喃喃自語，

只為了離開考場後徹底忘掉。

為了讓學生有選擇的機會，所以要浪費更多時間讓他們選擇？或者不斷增加選項，以便產生「雖不滿意但勉強可接受」的選擇？

這種軟硬兼施的強迫性行為竟然也是一種選擇？

有人說，如果沒看過99%以上關於某種學問的論文，也不會錯失什麼。稍加修改，我認為如果忘掉99%以上的知識，活著會更自在。

真能看透一件大事，遠勝過記得卻想不通的一堆瑣事。

賺錢

許多社會的主流價值就是賺錢。台灣也不例外。

賺錢的目的就是賺更多錢。賺錢就要專心，要切入核心，別分心。

「賺錢」是許多社會的集體記憶。求學比成績，就業比賺錢；前者有上限，後者無上限。

有一百萬想賺一千萬，有一千萬想賺一億，同理類推。

「賺錢」沒有主義，沒有國界，不分白天黑夜，就要賺錢。

有錢可賺，歡天喜地。倒貼虧本，愁眉苦臉。無錢可賺，生不如死。

試將與賺錢有關的所有記憶從腦中移除，還剩什麼？

植牙要錢，旅行要錢，生病要錢，吃飯要錢，約會要錢，手機要錢……沒錢還能想什麼？拜託！

認真想「錢」，就能想起一切。超越善惡，無論是非。

共同分享賺賠的記憶，應是當代最引人注目的倫理學。

政治

政治就是創造不可能的藝術。

政治就是記得該記得的，不記得就創造一個。

政治就是尋求突破，說過就算。

政治就是活學活用，說變就變。

政治就是勝者為王，多說無益。

政治如同生鮮食品，逾期勿用。

誰吃過期罐頭？誰相信不可能的承諾？

罵政客不如問自己：我上當了嗎？

平心靜氣看政治，可鍛鍊周密的判斷力。

政治永遠要求追隨者失憶。政治辭典中最醒目的字眼就是「活該」。

哭過的笑了。笑過的哭了。活的死了。死的在牆上注視。下面的努力爬，同台的用力推，上面的總會掉下來。有人睡不著。有人醒不了。一切看情況。凡事好商量。拉一個打一個。歪打正著。排班不如插隊。跟對人更要會做人。面面俱到。套中有套。舉一反三。矢口否認。買空賣空。收放自如。心虛不必。位置要緊。打弱者。放冷槍。損不足以奉有餘。針針見血。斬草除根。人丟我撿。若有若無。察言觀色。不動如死蛇，謀定必中其要害。

在上當之前，記得該記得的，不記得就創造一個。

其他的，忘了罷。

溝通

講一件別人記不得的事，需要背景說明，反之亦然。

講一件令人感興趣的事，再導入提示，則很難忘記。

找一位深具魅力的人，在適當時機說些引人入勝的事，則無往不利。

能同時符合深具魅力、適當時機、引人入勝這三項條件，難見難得。

所以溝通大多乏善可陳：不講重點、不看場合、沒有誠意。倘若加上位階與利益考量，就只能虛與委蛇。

和白目聒噪的自大狂講話，更是惡夢一場。

無法分享記憶，就不可能有實質而深刻的互動。

充滿創傷的記憶，很難產生良性互動。

已然斷裂的記憶逐漸擴大，則互動不可預期。

自我編造的記憶愈不受檢查，則自虐與傷人的機會將愈來愈大。

互動必然帶著記憶，車禍現場也不例外：有人打架，有人談判。

互動必須修改記憶，如偽鈔、黑心食品、劈腿……

溝通這些非陳述性記憶，一言難盡。連微笑都很微妙。

所以溝通大多聊勝於無：講假話、大話、空話的機率甚高，不講寂寞，講多了難過。假如雙方都不能自我節制，則一發不可收拾。

縱然從清晨到深夜，許多聲音與動作都停不下來。

五色令人目盲。五音令人耳聾。正復為奇。善復為妖。

在老子筆下的精神病院，要求記憶之間的溝通也許太沉重。

技藝

因考試而記憶，因挫折、受傷、怨恨而記憶，因攻擊對手而記憶，因志得意滿而記憶，因無所謂而記憶……

這些記憶都深深烙上某種人的痕跡。

假如記得去年或十年前的此刻，這些記憶內容讓「我」及「我們」產生何種作用？

不記得會怎樣？記錯了又如何？如何評價這些難以確定的片段？

在鋪天蓋地的標籤中，何謂「(後)現代」？何以我們自認是「(後)現代人」？在許多國家連線慶祝千禧年且跨世紀的2000及2001年(但願我們還記得身旁的人是誰)，誰想起1000及1500年發生了什麼事？乃至於「千禧年」的語意，又相對於哪個「起點」而運作？

可真可假、若隱若現、時有時無的記憶是人類生存的基本技藝。這種技藝既讓人清醒同時又讓人昏迷。

正如記憶既指向習慣也指向創造，如何將這種技藝發揮到淋漓盡致，還是一個謎。我不知道它的邊界，也不知道它的核心。

日月星辰是宇宙的記憶。高山深谷是地球的記憶。基因是物種的記憶。語言文字是人類的記憶。生生世世互為憶念，是不可思議。

我相信我想念的，想念我的，與無法思維稱量的記憶，無邊無際。

在瞭然大覺的時刻，解障除蔽，歡喜重逢。

本文作者為東吳大學社會學系副教授

生活中的記憶觸礁

你有你的、我有我的腦容量，你記得也好，最好你忘掉。
記憶無非就是加加減減的玩意！

文—John & Joven
攝影—蔡志揚

How to Remember

Scenario 1

如何記牢每一個potential男友的名字？
Thomas、Terence、Kenny、George、Gary，打開
手機的通訊錄，同名的有一拖拉庫人！而你
on the list的potential男友又很多。

Solution
《Sex and the City》的Carrie有Mr. Big，你也可以
在通訊錄上把那個在金融業打滾的陽光大男孩
Stephen Chen取名為Kiddie Stephen；而那位上
星期在書店攝影書刊架旁遇上的那個
Stephen，就叫Arty Stephen吧──這樣一來，
既可避免撥錯號，又可作為這個人的性格特質
提示，一石二鳥。

Scenario 2

如何令情人忘記舊感情？
失去的永遠難忘，對現在的感情始終是個具威脅性的
情，不定時炸彈。

Solution
避免到他倆曾經去過的地方、重複他們
做過的事，換句話說，就是盡量改變他
跟舊情人有關的生活習慣。同時更重要的是，要不斷別出心裁
情。地努力建立專屬於你倆的美麗新記憶，
令他印象深刻，把他腦中的「舊房客」
擠走！

How to Forget

Scenario 1

如何忘記失戀觸礁？
可惜不能洗腦，否則失戀過後，誰要記住曾經
躺過的他/她的溫暖的胸膛，一次又一次弄痛
舊傷口？

Solution
把舊情人的照片燒了，
「當你離我而去，你不會有好結果：當你變成灰
燼，我的傷痛亦隨風而去……」然後把灰燼丟
進海裡，或者找一個遙遠的地方把它埋在地
下，象徵舊情人的所有回憶已從自己的生命中
消失。不過話說回來，最直接有效的方法還
是：馬上找一個比他更好，更強的情人。

Scenario 2

如何記得東西放哪兒？
在想要找某樣東西的時候，原以為它應影就在
那裡，但翻找許久卻不見蹤影，彷彿掉入異
度空間，越著急，就越找不到。

Solution
不能擁有哆啦A夢的應聲蟲道具，只要一呼
喚，它就會自動回答：「有！」那麼，只好努
力養成「物歸原位」的好習慣，讓人東西永遠
在A定點；不然，就得準備一本記事本，仔仔
細細記錄每個東西的所在位置。如果你有畫圖
天分，還可以製作一份藏寶圖，也許數十年之
後，會讓你的後代有尋寶的樂趣。

Scenario 5
如何記住去市場要買的一堆東西？

每次看到琳瑯滿目的商品時都會變得疑疑迷迷的，回到家後才發現不是忘了買這個就是忘了買那個。

Solution

最直接的方法當然是事先準備一張shopping list，但難保它不會在路途中意外地弄丟。你可以把要買的東西和自己身體各部位從上到下的順序聯想起來：譬如頭部代表洋蔥、頭髮代表空心菜、鼻子代表蓮藕、大腿代表豬肉……等等，一個蔬果魚肉人的圖案便在腦海裡形成，到了超市只要看看自己的身體便一目瞭然。

Scenario 4
如何記得才要準備去做的事情？

才一轉身，就忘記是要去廚房倒杯咖啡，還是要到臥室翻找出收藏已久的情書？突然間，就變成呆立原地的木頭人，努力在迷茫中抓住像空氣一樣的線索。

Solution

這種遺忘速度跟年紀無關，別妄自感嘆。不想突然凝呆，在一開始決定行動之後，牢默唸「我要XXXX」，直到任務完成。如果瞬間遺忘，就只有再回到初始情境，慢慢回想，重建現場，然後根據前因後果，梳理出下一步的行動到底為何。

Scenario 3
資深美女說SX11能令時間停住，但忘記時間的存在所需的道行更深。

Solution

1.忽略那些無謂的數字，包括：年齡、信用卡負債、股市指數……。2.時時提醒自己常保笑容，為了小事而笑、為了荒誕的事而笑、為了愛包圍也釋放愛，保持正能量在高水平。3.只跟來樂觀的人做朋友，保持好心情，「快樂不知時日過」，保持好心情，自然就會忘記時間的存在。4.讓自己時時刻刻被愛自己身邊的人及動植物所間的存在。

Scenario 4
如何忘記老闆的謾罵？

你自認已經盡忠職守，但他還是破口大罵，像火山爆發般口水噴得到處都是。

Solution

離開現場後，千萬不要急著在背後咒罵回去。動怒會使情緒強烈的記憶越加鮮明難忘，因此你最好先來個深呼吸，平息你的沮喪或氣惱，反正，罵人者人恆罵之，不差你一個。省省力氣，想想晚上去哪裡放鬆一下吧！記住主耶穌所說的，要寬恕你的敵人七十個七次，Forgive＝Forget。

Scenario 3
如何記住浪漫時刻？

Sad but true的事實是，人一生可能沒有經歷過多少個浪漫時刻，誰都希望能夠將刻心的每一秒都刻在心的深深處，不時拿來回味一番。

Solution

海倫·凱勒說：「氣味是個有力的魔術師，它能將你經歷過的歲月，喚回到眼前。」浪漫之後，馬上跑回家，燃點你最喜愛的香薰油或頌上香水，努力回想剛才發生的每一個甜蜜細節。由於嗅覺直接引發我們深藏的情緒性回憶，種特定到右腦的影響比左腦更大，而在腦處理與賞神經位直和主管情緒的中樞有著緊密的關聯。以後每每聞到相同的香氣時，愉悅的回憶就會自動在腦中浮現。

Scenario 5
如何忘記童年陰影？

小時候不知好歹的你，竟然敢向鄰居黃先生那隻惡名遠播的大丹犬挑釁，終於屁股被咬得開花。長大後碰上任何形似狗的東西都立刻落荒而逃。

Solution

越是恐懼，越是要面對。方法有二：1.洪水法：的犬到流浪動物收容所當義工，那裡有各式各樣的犬，大量而密集地接觸剌激物，以後百毒不侵，如先重，接著領養一隻小小。2.敏感遞減法。漸進式地接近恐懼的來源，在家裡各處張貼大頭狗的海報，接著領養一隻小小的西施犬，慢慢你會發現自己再碰上大丹犬時，心裡的惶恐已經一掃而空！

本文作者為文字工作者

笑忘強記大躍進！

該記得的時候記得，該忘記的時候忘記，才能更早到達目的地！

文—莊琬華

遊戲道具：骰子、各色棋子

遊戲規則：

如要開始本遊戲，請務必遵守下列條件：

1. 當遊戲者A走入某一格時，請遊戲者B或其他人幫他讀出格中的問題或任務。
2. 回答問題時，不可思考太久，請以直覺作答。
3. 請每個人都準備好紙筆。
4. 不可以用任何方式舞弊。
5. 多人比賽時，請先協商罰責。
6. 最快走到終點的人，就是勝利者。

Start

請先發誓：
任何問題，我都會誠實回答，不然，我就會＿＿＿＿＿＿＿＿＿！
（請自訂）

前事不忘，後事之師。值得嘉獎，可前進三格。

渾然忘我，認真遊戲，前進四格。

下一輪擲骰子前，請背出：「燭明香暗畫樓深，滿鬢清霜殘雪思難任。」背不起來的話，暫停一次。

重溫舊夢，陷入回憶中，暫停一次。

請先念一次：558632154972 然後，馬上找紙筆寫下你看到的數字。（當然，不能看著上面寫，寫錯者，暫停三次。）

不堪回首，那就展望未來吧。

請問九一一發生的時間是公元幾年：
a.2000（前進六格）
b.2001（前進三格）
c.2002（前進四格）

請重複剛說話的人說了什麼話，答不出來者，請退回原點。

請說出能增加記憶力的食物。回答不出來的人，暫停一次。

請馬上說出自己的手機號碼。說不出來請前進三格。

請不看歌詞唱出一首完整的流行歌，否則暫停一次。

喝下列哪一種湯就會忘記所有事情？
a.羅宋湯（前進八格）
b.孟婆湯（前進三格）
c.米粉湯（前進五格）

柯南的全名是什麼？答錯者暫停兩次。

貴人多忘事，請退回到第二格。

見利忘義，真是糟糕，退三格。

請說出小學一年級時級任導師的名字，說不出者，退五格。

《網路與書》上一本主題書的書名是？答不出者，暫停兩次。

到底是誰，或者什麼事情讓你沒齒難忘？利用他人遊戲時候好好想想吧。

貴人多忘事，請倒退三格。

本書的書名是？答不出來就暫停一次。

多聞強記，Good！

「記憶的本質，是破壞，而不是保留。」（郝明義《故事》）

請說出你開始玩這遊戲的時間，說不出來者，請退回原點。

丟三落四，真是不好的習慣，暫停兩次。

「人類對抗權力的鬥爭，就是記憶與遺忘的鬥爭。」（米蘭·昆德拉《笑忘書》）

「這所有的一切,所有我們談論的愛,都只是一種回憶,說不定連回憶都談不上了。」(瑞蒙·卡佛《當我們討論愛情》)

請說出你的初戀情人第一次送給你的禮物:
a.是___(前進三格)
b.不想說(前進兩格)
c.忘記了(前進四格)

請告訴大家你昨天做了什麼夢!說完才能繼續。

請倒退兩格。誰叫你不認識鼎鼎大名的霍克海默。

走到這裡算你幸運。

請完整背誦一首唐七言律詩,背不出來就暫停一次。

儘管只是「半面之舊」,你卻還能認出他,真是記憶力驚人!再前進一格。

三秒鐘內答出你今天早餐吃的東西。完整回答者可前進八格。答不出來者請倒退一格。

你記得昨天做了什麼夢嗎?
a.記得(前進兩格)
b.忘記了(前進三格)
c.沒作夢(暫停一次)

見色忘友,真是不該,請倒退三格。

End

不堪回首,請退五格。

曾經得到諾貝爾文學獎的中國人是:
a.李敖(請前進四格)
b.高行健(倒退一格)
c.余秋雨(倒退四格)

給你一個機會,只要說出一本高行健的著作就可繼續遊戲,不然就得退回原點!

收到第一份情人送的禮物,應該是讓人銘心刻骨吧!但小心別讓其他情人知道。

不管是在記憶力或者幸運度兩方面,都有驚人的表現。可以考慮碰碰運氣,賭一下囉!

請說出五部周星馳的電影,說不出來的話,暫停兩次。

得了下面哪種病會逐漸喪失記憶?
a.阿茲海默症(前進一格)
b.帕金森氏症(前進兩格)
c.霍克海默症(前進五格)

請倒退五格。並且趕快找找關於「帕金森氏症」的資料。

請打電話給你初戀情人,問問她/他到底送了什麼東西給你,不打的話,請退回原點。

誰叫你記性差,請倒退八格。

請問九二一發生的時間是公元幾年:
a.1998(請前進兩格)
b.1999(請前進三格)
c.2000(請前進四格)

請舉出一種可以預防「忘記」的方法,答出者可前進五格。(例如:寫在手心)

哆啦A夢(小叮噹)有沒有手指頭?
a.有(前進兩格)
b.沒有(前進三格)

目前台灣在位的總統是第幾次的民選總統?答錯者請退回第二格。

時光、夢與自我

也許所謂的「我」，只不過是被所有的記憶形式
夜以繼日建構出來的虛擬產物。

文—李宇宙　　繪圖—50cc

……那東西相當大，幾乎要頂住天花板。而且
形狀很奇特，好像是由皮和裸露的肌膚所組成的，
最上方還有一個圓滾的頭部，頂上有一隻眼睛，
正一動不動地注視著上方。……我嚇得動彈不
得，這時外頭傳來母親的聲音說：「仔細聽
清楚，那可是會吃人的（man-eater）。」我
從恐懼中醒來，全身汗流浹背。

這是精神分析大師榮格在自傳《回
憶、夢、省思》裡所追述的一個困擾
自己孩提時期很久的夢。大師的回
憶究竟是記憶科學的探索，還是
尋找自我的想像？夢裡巨大的
物體是否也如佛洛依德所宣
稱的，是指涉陽具的男
性象徵？

慾望和恐懼是最原
始的記憶，伴隨著所有
嗅覺、味覺、觸覺、聽
覺與視覺的形式，歷經
歲月堆砌成為今天，此

刻正待閱讀、言說或書寫的你。同時，此刻你的意識也如同正在編修電腦桌面上某個新文件一樣，重新整理記憶，點選許久不曾開啓、早經遺忘的舊檔案。而且為了專心於當下，得將所有相關的過去暫時存放在使用中的文件夾。

有人說大師的夢與回憶裡有著事後想像追溯的成分。想像也許不能取代記憶，但是人的經驗記憶難道不曾包含想像？

「我」的記憶機器

心理學和精神醫學的課堂間，老師們費力地講解：唯有人類，是擁有長久記憶過去和期待未來的動物。大家必能想像這個比喻：我們有多少個被分割的硬碟可供存取，還有人們只有多大能耐的隨機記憶體可以運轉。當我每天關機的時候，要殺掉或保留哪一個版本。然而這個比喻從來不曾給予正操作電腦的我一個適當的位置，「我」究竟存在何處？在實際生活處境裡，當然有個身處於這書桌空間機器外部的我；但在腦內超大的神經電路網絡裡，「我」在哪裡？

神經生物學已經可以很精準的劃分眼耳鼻舌身的感覺和行動，還包括喜怒哀樂悲恐驚等情感。可是當我必須憤怒地對某人說「你給我記住」的時候，我正要記取這個人是如何對待我的；但卻很難回答，究竟我會記住這段冤仇多久。要蓄意等待報仇機會的話，三年會不會太晚？也許我不過是在無可奈何時逞逞口舌之快，試圖挽回一點自尊。說不定我隔不久就忘了，因為有失顏面的事件，也許還是刪除的好。在人們意識狹窄而有限的桌面上，畢竟無法擺上所有的陳年檔案；如果人們會長久記住什麼，要不是極有意義的事件，就必定是積怨或者創傷了。所以有些事人們會設法記著，但不一定記得住；另外一些事想要忘記，卻偏偏忘不了。

這種經驗倒不盡然和記憶力好壞有多大關係，反而和事情對我的意義如何有關。也許所謂的「我」，只不過是被

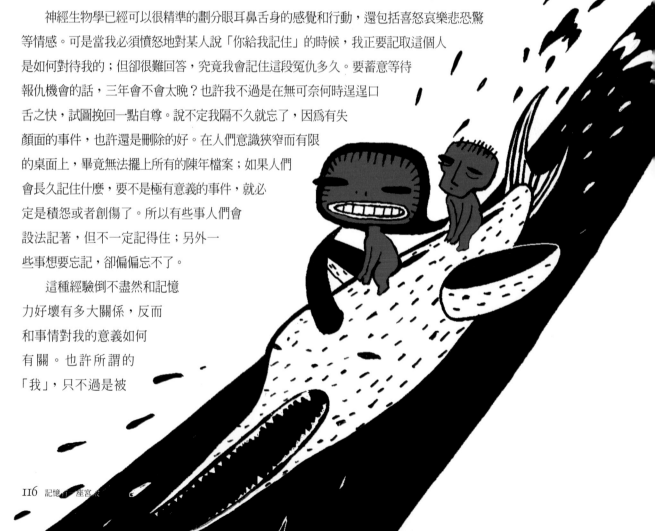

所有的記憶形式夜以繼日建構出來的
虛擬產物，人們需要用許多事件的記憶編寫
「我」的敘事腳本。事件記憶也像自傳寫作一樣，是我
對某一情感經驗的重新敘事，有何時何地發生的時空段落，也
有當下的心境。譬如說有人正向我傾訴他操勞疾疾的母親，我可能也
會突然墜入一段自己傷慟的過往，記憶像潮水一般湧上來。我不得不重新播
放自己的過去，用我「此時此刻」的情感，去投射搜尋過去類似的意象和感覺。

　　虛擬的也好，實存的也好，總之，人們的心腦之間似乎必須要有一個「我」的存
在，關於記憶的這一切才得以顯現意義。它可以是內建系統或中央處理器的一部分，或是
成長與發展所一點一滴寫下來的程式，也許可稱為「記憶的自我」。這個自我有別於「身體的
自我」、「作為父親的自我」等許多個自我，能替我評價分斷所有外界人事物的意義，然後選擇我
一向習慣的輸入法和最喜歡的字體，將我重新剪輯的記憶存檔。所有關於我的記憶也必然是有別
於你或他的；沒有你或他的存在，「我」自然也就不存在了，心理科學上就有動物是否也有「自
我」，或是他者社會意識的討論。

　　社會學大師說，記憶的解析原不該完全斬斷和他者連接的紐帶，而只是固守個體的層面，像
佛洛依德和榮格等人總有許多關於母親的記憶。換句話說，人們通常只有處於社會情境中才能進
行回憶、識別，和對自己的定位，是因為「你」和「他」的記憶刺激引發了我的記憶。所以人們
存在有一種關於記憶的社會框架，或是所謂的集體記憶。但「我」的記憶在沒有被引發之前，究
竟以何種形式存在？就在所謂的無（潛）意識世界裡嗎？假如記憶能夠應用傳統的經典神經心理
學去論斷，那麼我們從獲取、保存訊息到回溯過去經驗的過程，似乎就像正透過意識桌面的程式
捷徑，自動去搜尋已經被壓縮的自我社會學檔案。

愛恨有無絕期

　　神經科學的歷史上，有一個著名的「H.M.症候群」，是研究記憶機器的經典樣版。一位癲癇病
患在接受局部的腦手術後，發現自己突然成為一個須臾或忘的人，甚至無法留住片刻前的經驗。
H.M.的記憶中只剩下三年以前的自己，包括身分、屬性、背景，而現在的他則是不連續的許多片
段的「當下」。換句話說，對H.M.而言，每一個我的當下和我的過去都是斷裂的，如同他的記憶曾

經遭逢一場地震，從此留下破碎的斷層。

　　一個經驗要轉變成為一個記憶彷彿有著某種宿命，人們必須在三兩年之間決定是否讓經驗沉澱於記憶底層，以某種格式永久保存下來，結晶成為未來生命的線索；否則就令其隨著時光如輕煙般消散。果然如此，我們的愛戀和悲傷，怨懟與冤仇，就只有三兩年的時間去盤整了。對於某些事情而言，這段時光似乎太短，短得讓人來不及去整理自己。對於一些悲傷或怨恨又可能太長，長得令人不堪忍受。我和記憶自我的關係原來如此的複雜，以至於人們對於情感和意義總是難以抉擇，該做什麼或不該做什麼。也許最後決定當下行動意圖的反而是，過去許久之前的那個我，或某一個我，而非經由當下的理性。

　　在言情小說中，主人翁會在戀情與生活變得難以承受和無可如何的時候，因為遭逢一場車禍之類的小小撞擊，生命就開始出現一段像H.M.一樣的空白，或甚至完全忘卻自己原來是誰。在古老的精神分析小說如《三面夏娃》裡，一個女孩可以化身為幾個涇渭分明，但功能又各自完整的人格。原來人們的「自我」有著不同的版本，每一個版本各有相關的記憶聯結。如果自我就如同記憶一般，可以被切割，或者轉換的話，那人們又將如何去追尋或實現「真正的」自我？

　　對精神分析大師們而言，凡走過的必留下痕跡。「我」經歷過的種種，無論記憶的格式為何，終將成為我的一部分。就神經科學專家們來說，佛洛依德也許過於篤定。日子裡總有太多的訊息傳入，除非已經誘發某些慾望的記憶，對你產生意義的可能性，否則你就必須當成垃圾資訊處理。就像我們每天漫遊瀏覽過的許多網站，不可能全數加入「我的最愛」清單。

　　佛洛依德在發展歇斯底里理論時認為，在心靈的無意識世界裡存在著早年的創傷記憶。這種記憶是被潛抑的，不能夠輕易地透過表面意識去喚起。特別當記憶、慾望和想像是無法承受的創痛或羞恥時，便會轉換成某種格式，存放在自己不容察覺的潛意識世界。佛氏相信，只有在夜裡

的睡夢間隙，因為壓抑的作用不再如同白天那麼強的時候，過去的創傷記憶才偶然以夢的姿態離竄出來。而且由於某種意識監控依然存在，所以記憶為了實現我一直未達成的願望和創傷的療癒，通常便不得不經由變裝、掩飾，而以替代的形式出現，只有透過夢的解析和精神分析，才得以擷取過去的記憶。

夢是記憶的分身

然而在睡夢裡，那些沒有外來刺激的夢思究竟是什麼樣的記憶？我們只知道夢像是一種自動化的過程，喚起人們記憶的浮面印象，但光景卻只是支離破碎、脫序的經驗片段。心理學的祖師爺們都相信，唯有這時我們才得以最大限度地從社會遁逃，擺脫清醒時的種種壓抑和限制。

史帝文生小說《化身博士》裡的那位變身怪醫，白天是一個聰明自負的科學家，為著父親的疾病和研究被反對而飽受挫折。當黑夜降臨的時候，開始化身成為天才罪犯和復仇者，導致結尾必須親自了斷自己的生命。不同的自我記憶彷彿存有某種邊界，會隨著歲月的推移，日夜的變換，或一個小小的機緣，而讓人悄悄地跨越邊界。如果生命中有某個不易察覺的自我，不時地被激發或牽動，逐漸蓄積著慾望的能量，像記憶填滿了某個「我」的硬碟空間，必須尋找釋出或進行分割的機會。像痛苦的狼人，總是在月圓的時候，反覆交替出現自我記憶的分身或變體。

譬如，我孩提時代的愛是被瓜分的、匱乏的，我有不能釋放的怨懟和憤懣，這些記憶便會形成我的變體，像狼人般從意識底層掙扎而出。

現實生活間也難免有焦慮和挫折，到了夜晚或酒後，便自動化地向底層的記憶查探搜尋，終於成為我的變形和我的夢。早上剛從黑夜回到天明的時候，你重新回到現實，可能還帶著一絲依稀的夢中記憶。但除非你想告訴自己，或告訴另一個人說，昨夜曾有一個夢；否則，這個夢的紀事都將迅速地回到無意識裡繼續隱藏。記憶的邊界如同白天與黑夜在晨昏的交替一樣，有時不知東方既白，有時猛然回首，才知夜幕已低垂。

睡夢和怪醫、狼人一樣，是一種自我敘事的記憶。好比你不經意闖入一個夜裡的實驗劇場，隨即被迫參與演出。除了一個情節和結局開放的粗略腳本外，其他的場景、角色、情節和布局等等，都在等待隨機而即興的搬演。在夢境中，時間和空間不需要有結構，可以隨時剪接挪移，就像電影蒙太奇。在夢的情節裡，你有時候是劇中人，有時候是觀眾，有時候甚至分飾兩角。假如像清明夢一般，人們在入夢時得以同時覺察到自己正在作夢，便能夠權充導演，可以自由掌握夢的情節和節奏，而任意馳騁於夢中世界。

人們總是期待夢境是彩色的，有夢最美。但遺憾的是，大多數人夢中的風景泰半是黑白的；而且越是關於早年記憶的夢，越不容易出現色彩。不過就像老舊的黑白影片，隱約泛著歲月的幽光，說不定更值得夢醒時分去細細品味這些過去記憶的意義。人們常說不要「活在過去」，而要「活在當下」和「策勵將來」，當然意指不要沉緬耽溺。但自我的記憶卻是要不斷地回到過去，彷彿如此才能「希望相隨」。除非我不幸罹患了奇異的腦傷、歇斯底里，或者失智症，否則我就會不自覺地一直回到從前，追索自我的記憶，而成為另一種記憶的精神官能症。

精神分析的大師們還認為，這樣的記憶精神官能症有某種意涵，可以引領我出發前往一個更有可能性的未來。這種「我」的輪廓也許在出生前後不久便告逐漸鮮明，當我感覺疼痛，感覺身體和行動，從鏡子的反射中看到「自己」的那天起，同時我也開始述說。我會辨認記號尋找母親的蹤影，使用言語宣稱，告訴你和他我究竟是誰。這個「我是誰」成為我經歷的所有記憶段落的施工藍本，裡頭隱含有日後巍峨建築的想像。慾望和愛戀總是讓我們膨脹，一直相信自己也許會蛻變得極為輝煌也說不定。

但是人過中年之後，感覺落拓的時候反而日益增加了，我終將不至於如何輝煌已經是確定的事。那個「記憶自我」的創傷可遠比外來的創傷還要來得巨大，我的精神官能症不但有焦慮，還有憂鬱，我終於相信「由來好夢最易醒」的弔詭。會讓願望滿足的夢其實不多，那些凌亂的、片段的夢景，也許都是為了要清空記憶垃圾桶。不管是「記憶的自我」還是「自我的記憶」，都將一一成為歲月的責任和負擔。

■

本文作者為台大醫院精神科主治醫師

孟婆湯之用

有時記得太牢，反而是宗大罪。

文—豐照　繪圖—50cc

年紀大了，發現自己有點記不住事情，於是很高興地讀了一本新書：《記憶七罪》。大陸和台灣的讀書界都看重這本書，相信確有可讀之處。不過讀後細忖，失去記憶又有什麼不好呢。就大陸的實際社會環境說，記得太牢，不能忘卻倒應是一宗大罪，它實際上可能是記憶諸罪之首。所謂「七宗罪」，英文裡往往叫seven capital sins。那麼，這「不能忘卻」，可不可以稱它為a capital punishment，因為其罪之大，足以使一切妨礙記憶之罪化為烏有，反成功績。

中國民間傳統中有「孟婆湯」理論，似乎足以張揚這「記憶的大罪」。孟婆湯是中國人的發明，西方似乎沒人說過。

近年最早使人回憶起「孟婆湯」說者，是著名作家楊絳女士。她在八○年代有一文名〈孟婆茶〉。這是她的一本回憶錄的代序，用以表明：人要到來世，得先過孟婆店，在那裡飲過「孟婆茶」後便會一切忘卻。楊絳懼怕未來得此結局，於是決心在此之前，把自己夾帶的記憶「私貨」，「及早清理」。於是，楊女士的回憶便一本本問世。前些年的《我們仨》，就可能是楊絳的一個大「私貨」，但自然不是最後一個，因為楊絳去喝孟婆湯的日子大概也還沒到。

讀楊絳諸作，還不能充分體會到中國傳統的孟婆湯的利害。到這三幾年來，您在大陸讀書讀報，才真正領會到箇中利害之處。這是因為，前些年所說的種種的記憶，無非還是一些個人的私情，不外乎《神雕俠侶》中小龍女想到自己在世時間不多時對情人講的一段喁喁情話：「聽說黃泉路上有個孟婆，她讓你喝一碗湯，陽世種種你便盡都忘了。這碗湯啊，我可不喝。過兒，我要永遠永遠記著你的恩情。」現在，人們的記憶，大多已到了關連民族命運的範圍。

說起這幾年記憶之罪，當然得首先來說說《往事並不如煙》。章詒和女士的這本回憶，書名就標明她要說的是「往事」。但是此君的往事如何可以談得?! 她的父親以及父輩摯友是這裡鐵定的大右派。「右派」一詞，在西方社會似乎只標明某人的某種政見，在這裡卻一度是要命的大罪。而章君本人，由於對先人的這些「往事」牢記不忘，還曾書諸筆墨（寫在日記簿裡），所以也曾身繫囹圄。儘管當前國泰民安，滿目和諧景象，這種「往事」還是放在「記憶」的範圍之外為好。無怪乎章君大著一出，立即有人指出當前出現了歪曲歷史的惡劣傾向。接著，這書便在書市裡永遠失蹤了。

　　幸而眼疾手快的人還可以讀到香港版。港版將此書更名爲《最後的貴族》，用以說明那都是些逝去的貴族們的記憶，同老百姓關係不大，並沒有「現實感」。這一來自然安全了不少。

　　章女士至今芳齡六十有幾，離喝「孟婆湯」的日子還早，她爲什麼要「記憶」，要寫下各種辛酸故事，如她自己所說：

　　「我這輩子沒有什麼意義和價值，經歷了天堂、地獄、人間三部曲，充其量不過是一場孤單的人生。我拿起筆，也是在爲自己尋找繼續生存的理由和力量，拯救我即將枯萎的心。而提筆的那一刻，才知道語言的無用，文字的無力，它們似乎永遠無法敘述出一個人内心的愛與樂，苦與仇。」

　　類似章女士這類心情的人當然不止一個。還有一位章立凡先生，既是歷史學家，又是另一大右派的後裔。此君寫作回憶不少，某日集納己作以及朋友們的「記憶」作品成一書，名：《記憶：往事未付紅塵》。書出未久，即已有人高呼出軌，大有停售之可能，害得章君在持贈親友的贈書上，都冠以如下題詞：「登場即謝幕」。

　　防止「記憶」犯罪，強令喝「孟婆湯」

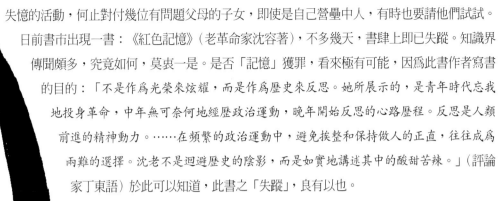

失憶的活動，何止對付幾位有問題父母的子女，即使是自己營壘中人，有時也要請他們試試。

日前書市出現一書：《紅色記憶》（老革命家沈容著），不多幾天，書肆上即已失蹤。知識界傳聞頗多，究竟如何，莫衷一是。是否「記憶」獲罪，看來極有可能，因為此書作者寫書的目的：「不是作為光榮來炫耀，而是作為歷史來反思。她所展示的，是青年時代忘我地投身革命，中年無可奈何地經歷政治運動，晚年開始反思的心路歷程。反思是人類前進的精神動力。……在頻繁的政治運動中，避免挨整和保持做人的正直，往往成為兩難的選擇。沈老不是迴避歷史的陰影，而是如實地講述其中的酸甜苦辣。」（評論家丁東語）於此可以知道，此書之「失蹤」，良有以也。

當然幸而不「失蹤」的有關圖書也有。可以舉出例子的是近出王芝琛先生著《一代報人王芸生》。芝琛先生記述乃父老報人王芸生先生的一生，特別是近四五十年裡的曲折、坎坷道路。作者寫得很著力，把芸生老人如何屢屢罹罪的經歷寫得栩栩如生。但是，這位王先生在近幾十年裡「基本聽話」，雖然作者竭力要寫出此公「聽話」以後的委屈、苦痛，終究還屬於可以放行之列。因此，這就成全了讀者，可以多一本可讀之書。

中國恁大，要舉出近多少年可讀的「記憶」之書，究竟不少。例如有「中國古拉格群島」之稱的夾邊溝，早已有楊顯惠的名著《夾邊溝記事》；關於1957年的反右派運動，則有尤鳳偉的《中國一九五七》，都是力作。不過還都是後人採訪後寫的文學作品，本人的記憶，似乎還不多。這裡，想起章詒和給《往事並不如煙》的自序裡的一段話，也許足以說明一切：

「在中國和從前的蘇聯，最珍貴和最難得的個人活動，便是回憶。因為它是比日記或寫信更加穩妥的保存社會真實的辦法。許多人受到侵害和驚嚇，銷毀了所有屬於私人的文字紀錄，隨之也抹去了對往事的真切記憶。此後，公眾凡是應該做為記憶的內容，都由每天的報紙社論和文件、政策、決議來確定。於是，歷史不但變得模糊不清，而且以不可思議的速度被改寫。這樣的『記憶』就像手握沙子一樣，很快從指縫裡流掉。從前的人什麼都相信，相信……，後來突然啥都不信了。何以如此？其中恐怕就有我們這個社會長期迴避真實、掩蓋真實、拒絕真實的問題。」

章女士在這裡顯然是犯了記憶的大罪了。還好，現在說的都是近三幾年的故事。這三幾年，尤其是眼前，是「和諧」的盛世。章女士儘管在記憶問題上有所不和諧，還是可以去台北、香港喝雞湯，然後安然歸來。要是三幾十年前，大小姐就得到特定的地方去喝「孟婆湯」了。

本文作者為北京作家

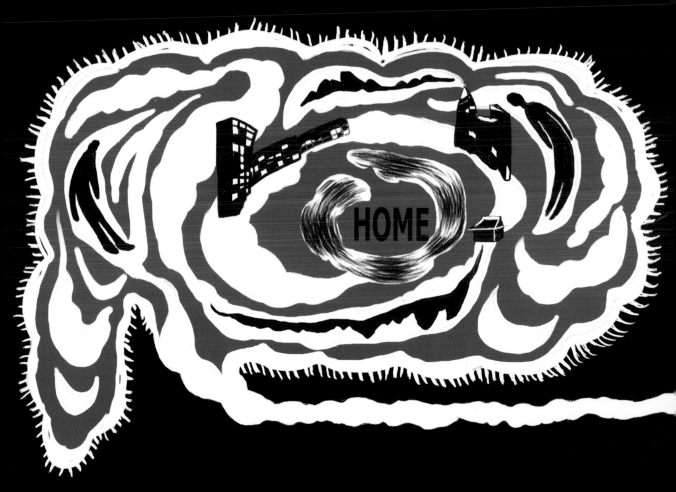

往事可堪／不堪回首

心理諮商室的記憶與遺忘

文—黃龍杰　繪圖—50cc

　　在心理諮商室裡，記憶和遺忘各司其職。記憶當然很重要，通常每一次見面，我都會問當事人：「上次我們在這裡所談、所發生的事，對你這星期來的生活有引起什麼漣漪嗎？」記憶像一艘船，聯繫了我們被生活洪流所凌亂分割的時間孤島——每週一小時晤面和會心的時刻。

　　「今天你帶著怎樣的心情，或感觸，來到這裡？」

　　「上回你決定要付諸行動的事，進行得怎麼樣了？」

　　當事人有各式各樣的回答，有的人會馬上進入正題，滔滔不竭，好像上次會談十分鐘前才結束；有的人會顧左右而言他，東拉西扯，最後才承認「家庭作業」沒有想像中簡單；有的人會說她今天來的路上還苦思要聊什麼，因為上次的會面早已「船過水無痕」。每個人面對過去，真是千

姿百態，或許也無意中透露了他們的人生態度。

Sabrina和她的失憶

　　無論如何，像Sabrina這樣的反應還是讓我大吃一驚。「忘記了。」「不記得了……」「心理師，我們上次談了什麼，我怎麼一點印象也沒有了？」「對不起，你可不可以幫我記起來？」兩個人都愣在當場，都爲這一段意外的情節絆住了，動彈不得。

　　在精神科醫師的門診轉介單上，Sabrina的診斷是「精神官能型憂鬱症」（Neurotic Depression），我又翻了翻病歷，沒有腦傷的病史，也就是初步排除了器質性失憶（即生理因素）的可能性。Sabrina倒是有明顯的心理社會壓力，她和先生二十多年的婚姻生活，兩個人吵吵鬧鬧，簡單來說就像地獄。據她說，上個禮拜又把離婚協議書拿出來要先生簽字，不知道爲什麼，先生就是不肯。爲什麼吵架呢？聽起來都是一些雞毛蒜皮的事，週末快到了，先生照例要回婆家，照例又刺痛她的心靈——「畢竟在他心目中，我永遠比不上她媽重要！」Sabrina一如往常陷入情緒低潮，全身無力，頭痛暈眩，和先生吵，半自覺地無理取鬧，但又舉出種種生活細節，指控先生折磨她，

蔑視她，欺負她。

　　個人史可以慢慢了解，但給我最深刻的仍是Sabrina當場「示範」給我看的性格特質：忘了！上次我們就在這個房間談了快一個小時，她痛哭失聲，垃圾桶裡裝滿了揉皺溼透的面紙，今天她居然全忘了！還求我幫她回想，做「前情提要」，就像個茫然失措的小女生，一方面令人忍不住懷疑她裝傻，想責罵她，一方面又怕錯怪她，破壞了關係。唉，左右爲難！

　　據Sabrina說，有時候和先生大吵之後，也會發生類似的失憶現象，變得呆呆傻傻的。三個青少年子女倒是非常懂事，知道週末是她刻骨銘心的時段，會來撒嬌安慰，慫恿她玩撲克牌，幫忙洗衣，「教她」燒菜。回來後的先生也會超級遷就，百般容忍，就算她三更半夜想吃一碗蚵仔麵線，他也會開車一個小時去買。反正多年來他們都認爲Sabrina是病人，有憂鬱症所以無法上班，也無法煮飯洗衣服，頂多只能折折衣服，倒倒垃圾，容易情緒失控，三天一吵兩週一鬧。失憶只是再加一筆症狀，更加證明了她的病很重，需要家人容忍照顧而已。

　　我寫了這段小說般的情節做什麼？我想說的是，如果從橫向的角度——即Sabrina在家庭和人際關係中所扮演的「病人」角色來看，她的症狀，包括失

控、失能、失憶等，其實都有很大的力量。Sabrina多年來和家人一直不知不覺合演了一齣家庭倫理悲喜劇，也許劇名就叫「我病了，請照顧我」、「夫妻相欠債」、「愛媽媽，就是照顧她」、「瘋媳婦，這是命」。無論情節如何高潮迭起，衝突不斷，故事的主軸其實二十年如一日。

　　再從縱向的角度——即Sabrina個人的發展史來看，其實就像一株傷痕累累成長歪斜的竹子，充滿了創傷性的回憶。單純的山村姑娘，原來心有所屬，卻疑似被一個鄰里愛玩的男子誘姦，不得不顧全家族的顏面委身下嫁。婚後又不適應婆家，總覺得被公婆歧視、虐待。好不容易抗爭到可以搬出來獨立，先生卻每個週末儀式性地要回婆家去「宣示效忠」，撩起她多年的不甘和憤恨。這些經驗逐步出土後，失憶的另一層象徵意義也昭然若揭了。面對不堪回首的往事，有什麼是比當個健忘的傻大姐更好的角色呢？

　　在Sabrina的心理治療過程中，失憶的症狀逐漸消失了。事隔多年我仍記得她那些為往事痛哭流涕的畫面，以及每週帶來的一小疊潦亂多皺的認知治療作業。我鼓勵她能開始學習承擔「成人」的角色，為改善自己的心情和家庭角色而努力。佛洛依德也許會診斷說，這個「病人」是用「壓抑」（Suppression）或「潛抑」（Repression）作為她的防衛機轉。但從人本的角度來看，重點其實不是為她貼再多的標籤，讓她陷在「憂鬱症」、「戲劇性人格特質」這些醫學建構或社會成見裡，繼續扮演待人拯救的老病號，或可憐的小女孩。

　　她所需要的應該是「啟能」（Empower）的機會。Sabrina和家人都需要學習，精神科醫師和心理師也要學習，認可她的痛苦和恐懼，但要冒險放手，讓她培養信心、責任和能力，讓她重新長大一次。

Yesterday Once More

　　另一個有關記憶和遺忘的病例是Sandy。Sandy是因為恐慌症和衍生的失眠來就醫的，一邊藥物治療，一邊

心理治療，療程出奇順利，才幾次就有明顯的緩解。比較離奇的是有一週來談時，她帶著慎重而扭捏的神情表示，上次會談回去後，不知被什麼話題觸動，忽然想起來小時候的「一件事」。她想起上小學前，在老家附近一個廢棄庭園裡，被鄰家高中大哥哥非禮的往事。

她囁嚅地說，這件事她已遺忘超過三十年，可是現在卻有某些畫面回來了，伴著噁心和焦慮。有些片段和細節失落了，但有些又在隨後的幾週後浮現。這時她才慢慢意識到，從小到大莫名其妙不斷重複的惡夢，原來和這件事有關。三十幾年來，惡夢的主題萬變不離其宗，永遠都是被鬼追，和鬼共處一室，可是鬼總是帶著面具，從來未曾露出眞面目。

雖然害怕，但在我的陪伴、支持和鼓勵下，她把當年遭到性侵犯的情景畫下來。廢棄的宅院，椰子樹，高牆……用長大後的角色和口吻對之說話，撕掉，丟棄到垃圾桶——在她做主、掌控下。甚至在她同意下，我們用心理演劇，重演了她惡夢中的部分情節。一個非現實的家，先生不在，和女兒相擁逃命，就要叩門進來的鬼，還是那個始終未曾現出臉孔的鬼。我們用沙發、抱枕、盆栽、立燈布景，用一張椅子代表那個鬼，在她的央求和授權下（她把我視爲權威有力者），我心懷忐忑但貌似果斷地，進行了一生初次驅魔趕鬼的儀式（天啊！希望我的授業恩師不會看到這一段）。

完全出乎我意外，Sandy認爲那次趕鬼非常成功。三十多年的夢中之鬼，此後未曾正式現身，頂多躲在夢中場景的幕後，就像歌劇魅影般。幾個月後，Sandy又做了一個頗有里程碑意味的夢——她終於看見這個鬼的臉了。有一次她夢見洗臉時，鬼終於在浴室的鏡中露臉——她很冷靜地敘述這一段，我卻聽得汗毛直豎，像恐怖片的最高潮——那個鬼，居然就是——她自己。

Sandy貌似拙於言辭，可是卻是我畢生僅見最會用夢表白的人。和她共事的經驗也示範給我一個活生生的例子。心理受創有可能因爲太痛苦而被意識排擠，透過失憶，轉入地下，而以變形難解的形式（被鬼追的惡夢）出現，擾亂日常生活。

爲了保護個案的隱私，Sabrina和Sandy的故事我做了一點改寫，已經和原貌有所出入了。但兩人的治療都進行了一兩年，實際故事的曲折和戲劇性其實猶有過之。

重點是，世人都曉記憶好，唯有創傷忘不了。從當事人的主觀來看，除非已經準備好要面對，否則難得糊塗，暫時忘了，不也是一種福氣？

所以，記得就一定好，而遺忘就一定不好嗎？

不一定吧。

本文作者爲臨床心理師

無法記得的痛苦與重新記得的困難

面對災難，人們的擺盪與分裂。

文—左邯陌　繪圖—50cc

　　也許，沒有記憶的生活，終究不叫生活。然而，記憶的回響也是一種記仇的武器，面對突如其來的災變事件，時間在事先（我腦子湧現出不祥的預言）和事後（我恐懼地回憶起「先前」曾經發生的事）間被動搖了。記憶扣向創痛的折磨，詰問著我們，「創傷究竟是意味著一種和死亡的遭逢，還是一種不斷與苦難續存的掙扎經驗？」記憶滋養著疾苦病痛。生活，為何需要蒙哀的記憶？

生命太短，遺忘太長

　　還好，人們也會遺忘。忘記的能力如同記憶的本事是文明的產物，也是文明最基本的心理成就。記憶與遺忘，真實與虛構，隨著文明災難的反覆騷動，人們面對無法思索的、無法掌握的事件，有著難以抹除的、瘖啞的沉默。在苦痛中往往搗毀了語言，迫使受苦者回返到語言發生之前的狀態，只剩下悲鳴、呻吟和哭喊；原來，苦痛是根源於沒有語言的世界。但進一步忖思，受苦的核心特性是一種孤獨感。也許受苦並非無聲，而是用一種外來的語言，在哭泣。因為我們無法也無能讀解異鄉的外語，於是，把苦痛拋向遺忘。

　　生命太短，遺忘太長。考察記憶的字源學，至少包括有「記得的」（remembrance）、「溫潤的」（kindness）、「傷逝的」（mourning）和「盼望的」（longing）等含意，所以，記憶不只是一種複述的修辭技藝，更是生命經驗的縮影，即使，記憶可說是人類官能裡最脆弱也是最有疑義的設計。當人們面對受創處境，有時，選擇性的遺忘是一種莊嚴神聖的義務；有時，記得是一種生命秩序的

復現。

　　記憶可以是憑弔過往的祭禮，也可以是復活未來的本領。記憶歧義迷離，唯一可以確認的是，生命史上或社會上的關鍵（創痛）事件，往往不是一種我們可以確認的事實，而是一道難以解決的生命謎面。我們的創傷記憶選擇之後，所遺留下來的，往往不是見證真相，反倒經常指向那些早已在那裡的、令人感到困惑麻煩的殘跡。記憶與遺忘，人類存活永恆的史芬克斯之謎。

　　就從「九二一」災變的記憶與敘事談起。

人們哭泣，是為了要記得，還是要遺忘？

　　「親身歷經過幾次震災和水患後，已經變成不一樣的人，對大自然的感受和以前大不相同。過去，以為震災是異國遙遠的事件，以為『水能載舟，亦能覆舟』只是一句成語。現在，對於天然災害的感受是，它不但影響生命的安全，也限制生活的自由。」一位命運多舛受創者的這段話，令人想到精神分析家弗洛姆說過的，過去的社會安全而不自由，許多人嚮往自由；現代的社會是自由而不安全，許多人卻意圖逃離自由。

　　去年（2004），就在九二一震災將屆滿五週年之際，台灣社會又遭遇了兩次水患的侵襲。面對災變後既不安全也不自由的生態境遇，人們又能如何自處？

　　走過將近五年半的磨難錘鍊，時間是否已寬容到淡忘心創影音，足以遠離了震痛？

　　對於受苦鄉親來說，五年來的災難見證敘事，其實是兩難的。記憶的呼喚可以用來抵抗任何試圖被遺忘或埋藏的過往事件；但是過去片段的、斷裂的經驗，在事件之後一段時間，卻又會重複的、鬼魅般的縈繞著受創者，揮之不去，意欲遺忘。受苦記憶若沒有適當處理，可能會被凍結在一個時空裡，也就是人本身意識到時間的流動，然而心理上的時間意義卻是凍結的。哲人班雅明曾經說：「記憶轉化可以使得不完整的（幸福）變成完整；也可使完整的（受苦）變成不完整。」所以，記憶像是雙面刃，端看如何處理與敘說。

　　可以這麼說，如果遺忘是一種掩飾不安，那記得就是一種拆解任何嘗試想將過往定調為均質化單一版本的企圖。創傷記憶，無疑地，必然被一種「不可能」的意義所包覆，在這不可能的意義下，我們也無法擴充我們的理解能力或者發展詮釋能力，遑論取得過往痕跡的單一版本。記憶不是去收藏過去，不是建立憑弔檔案，也不是一種後悔情結；而是不斷地記得，不斷地啟思。個體的記憶影像啟動時，往往交織著公共空間裡受難者的異質性聲音影像，關於災變的記憶，拒絕過度單調化約的理解。

　　於是，我們逐漸明瞭，面對創傷，言說是不可能的，不去言說也是不可能的。沉默或哭泣並非意味著否認過往的殘酷事實，而是一種逐漸認識瞭解到創傷實在難以藉由既有的話語銓解。對於生還者而言，創傷事件的真理，不在於事件的無法瞭解，而是在於有些經驗並非不可說，是根本說不出，就像是喉嚨哽刺。語言破碎處，涵攝出創傷敘事的流離失所性質。

語言為何物，一滴淚便勝卻無數

　　不幸有親人在震災中罹難者，這些年來始終負載著哀悼思念，喪子（女）者更有著深切的悲痛。當語言失去重量，不足於描繪心境時，眼淚有時就重於言詞。眼淚是一種追思、懷念的沉默話語。

一位於震災裡喪女的母親，其女兒原本讀小二，生前害怕雨聲。這幾年來，她表示有時候下雨，沒有出去做生意，就會開車去女兒的學校，好像女兒還在那裡就讀，仍然掛慮著她。另一位喪女的母親說，「雖然我也知道經過這樣的事情，傷痛可能會慢慢消褪，但就是打不起精神，好像永遠找不到替代物。一下子人就走了，讓妳措手不及。現在，如果看到跟我們孩子年紀接近的，人家媽媽載她們回去，我還會很傷心。」

　　另外，一位母親直至現在仍透過天堂書簡的形式，每夜寫日記想像問候關心死去的女兒，將回憶轉為說話。另一位母親逢人就拿出她亡故兒子的照片，含著淚光敘說著他生前的英挺乖巧。還有一位父親則認為遭遇「喪子這樣的事情，很苦，就像是一直反覆泡茶葉，味道淡掉了，反而更苦⋯⋯。」

　　此外，若災後家裡成員仍有其他倖存的子女，養活他（她）們，幾乎就成為生還者繼續存活下去的理由，這是一種記憶縐摺的變形與再締結依附關係的徵喻。如一位母親震災後特別關愛酷似她亡故丈夫的大兒子，她說，大兒子和亡夫的長相、個性都很像。另一位喪子的母親，十分鍾愛震災後才懷孕產下的兒子，她表示這是一種微妙幽杳生死界線的穿梭領受。

哀悼之愛的至深悲鳴，餘聲已碎

　　一位與先夫結褵四十年的六十五歲婦人，體質羸弱多病，九二一時，其先生不幸罹難。有一次，她在追憶先生時，提到和先生的深厚情感。她說：

　　「他實在是一個好好的先生，九二一之前，有一天晚上他就跟我講，妳這四十年來，我都沒有幫妳什麼，只有知道妳的病痛。他就跟我約三個事情：第一，我們的地賣掉，我一定要把妳的病治好，好不好？我說：這當然好啊！第二，他說：我們回大陸拜祖，帶這些孩子回去，認祖歸宗。我說：那沒問題啊。第三呢，他說我們這個店不要理它，我們

就到處去旅行，好不好？我說：好啊，我們年紀也不小了，應該要享福了。他說：那妳要跟我打勾勾。我說：好啊，就打勾勾，還蓋指章。結果，一場地震來了把他壓死了，這些諾言都無法完成了！」

只有當死亡出現，活著的人有一天獨自與其諾言爲伴時，諾言才有其意義和嚴肅性。當丈夫已經不在那裡，諾言就永遠無法兌現，只留下，回憶與悲悼。

而面對家園重建處境，若得以「原地重建」並非就意味著得以全盤恢復昔日生活機能，以爲原來地點的座居能啓動熟悉感，實情卻不必然；同樣地，居家內部的設計複製昔日樣版，也不擔保著存有世界的秩序得以全然復原，因爲關於家園的點滴記憶，是超越「視覺」意象的，外觀的高相似性並不意味著得以移植征塵過往的原汁原味，往昔家園意象的「氣味」與「感受」自身，往往負載更飽滿的生命滋味。

如同普魯斯特在《追憶似水年華》所描述的，「氣味和滋味會在形銷之後長期存在，即使人亡物毀，久遠的往事了無陳跡，唯獨氣味和滋味雖說更脆弱卻更有生命力；雖說更虛幻卻更經久不散，更忠貞不矢，它們仍然對依稀往事寄託著回憶、期待和希望，它們以幾乎無從辨認的蛛絲馬跡，堅強不屈地支撐起整座回憶的巨廈。」由此，記憶是負載著各種異質感知功能，不僅是震災的視覺意象，更是一種「互爲溝通」的召喚，只是，誰會去諦聽和接應呢？

電腦也會記憶，但不像人腦的複雜。電腦的記憶是原版檔案的儲存，人腦的記憶會自我構成與差異生成。電腦也會遺忘，但其遺忘是透過刪除檔案，人們的遺忘則可能是動機性的、無意識的，也可能沒有辦法抹除。所以，面對災難事件，人們擺盪在「無法記得的痛苦」和「重新記得的困難」分裂間，心思擠壓出一齡名爲「憂傷」的深淵，在此處境下，尋求意義成爲必要的試煉功課。

人們啊，爲何遺忘，因爲不可承受的掛慮之重。爲何記憶，因爲喚起記憶就是喚起責任。也許，人們不知道災變苦難記憶／遺忘告訴我們些什麼，但這正是悲悼的體驗引起我們思考的義理所在。　　　　　　　　　　　　　　　　　　　　　　　　　　　■

本文作者爲臨床心理師、文字工作者

方位5

是歷史，還是神話？
族群的記憶

「神話」與「歷史」不一定都眞實，
但它們都眞實地反映並流傳了不同族群之情感與意圖。

文·圖片提供—王明珂

　　在我們的常識中，神話與歷史是截然有別的──「歷史」是曾
經發生的眞實「過去」，而「神話」只是玄奇怪誕的茶餘飯後之談。
然而，如今許多學者認爲，我們所熟知、深信的「歷史」只是一種
社會記憶（Social Memory），「神話」則是另一種形式的社會記憶。
在此認識下他們開始懷疑，「神話」與「歷史」是否有絕對的分
別？是否在另一社會中人們所認識的「歷史」，可能被我們視如「神
話」？

歷史記憶與族群

　　一個社會之「記憶」，與社會群體認同有關。也
就是說，因爲我們存在於社會人群中，
所以我們共同選擇、想像
與創造一

些歷史知識記憶，來合理化我們所存在的現實世界。這有如電影《駭客任務》中的情節，人們生活在電腦建構的虛擬世界中，我們則生活在歷史記憶所創造的世界中。因為「現實」是如此「真實」，所以我們不會懷疑那背後的歷史記憶。

因為相信「歷史」應是真實的，所以人們常爭論其中細節。除此之外，人們也傳述一些「神話」。由於它們不是「歷史」，所以大家只是說說而已，並不常爭論其情節。然而，「神話」也是一種社會記憶，它與「歷史」一樣，塑造、建構我們所生存的社會。甚至於，由於我們不爭論「神話」，因此它所構成的虛擬世界更是根深柢固，讓我們生存其間而不覺其虛幻。

「歷史」與「神話」所建構的人類社會群體中，最普遍的可能是「族群」。在此，我以「族群」指稱所有以「共同祖先」來凝聚的人類群體；家庭、家族、宗族、民族、國族等等，都

在某一社會文化下人們所認識的「歷史」，在另一社會文化中可能被視如「神話」。

是廣義的「族群」。「族群」成員們賴共同祖先「歷史」來凝聚，也賴「歷史」來規劃內部族群關係；人們常爭論而因此改變「歷史」，造成族群認同變遷。由於族群關係之基調不同，所以在一社會文化下人們所認識的「歷史」，在另一社會文化中可能被視如「神話」。我們都太熟悉自己所生存的社會，因此不容易懷疑那些「歷史」。因此，以下我要介紹一個遠方的社會，那兒有與我們所處之社會完全不同的族群關係，有一個我們完全陌生的「歷史」。

邊緣的「另類歷史」

在中國四川省西部，岷江上游河段流過青藏高原的東部邊緣。在這個高山縱谷地區，每一條山間的小溪流都稱作「溝」；各「溝」中的居民現在有些是羌族，有些是藏族。一條溝中常有幾個「寨子」（村落），同寨的人認為他們都出於一祖先。同一溝中所有寨子的人，也

常認爲他們有共同祖先。在這兒，若一個溝中有三個寨子，人們相信的「歷史」便是：「從前這兒沒有人，三個弟兄到這兒來，他們各自到一個地方建寨，他們就是現在這三個寨子的祖先。」如果這條溝的人，與鄰近五處地方的人群有密切來往，當問起這六處地方所有村寨人的起源，人們會說：「從前這兒沒有人，六個弟兄到這兒來，各自到一個地方建寨，他們就是現在這六個村寨人群的祖先。」

這樣的弟兄故事常有豐富的情節，使它們看來更像「神話」。如以下這是本地區藏族綽斯甲土司所說的家族祖先由來：

> 很久以前，天上降下一條虹。虹內出現一顆星，星光飛射到爛戎地方。當地有一位仙女，感受星光而懷孕。後來生下三個蛋，一花、一白、一黃。三個蛋飛至瓊部山上，各生出一個人。綽斯甲王，就是其中花蛋中生出的人。其餘二個蛋中出生的人，就是瓊部的上、下兩土司。綽斯甲王有三個兒子，老大是綽斯甲，就是綽斯甲土司之祖；老二叫旺甲，是沃日土司的祖先；老三叫葛許甲，爲革什咱土司的祖先。

這些都是人們相信的「歷史」。爲何我們對這樣的「歷史」感到陌生，甚至認爲它們是「神話」？這主要是因爲，我們所熟悉的「歷史」都是始於一個「英雄祖先」，如黃帝爲華夏之祖，成吉思汗爲蒙古民族之祖，檀君爲大韓民族之祖，《聖經》中西亞各民族之祖則是亞伯拉罕。而四川西部的這些藏族、羌族則認爲，一族群的「歷史」常始於幾個「弟兄」。另一個令我們難以相信此「歷史」的原因是：它們總是循著同一個「模式」來敘述。然而，我們所相信的「歷史」，不也常循著同樣的「模式」——都始於一個英雄祖先？

弟兄祖先 vs. 英雄祖先

事實上，在人類族群生活中，「弟兄祖先歷史」與「英雄祖先歷史」是不同的社會族群關係產物；它們也各自塑造或「虛擬」其社會族群關係。相信「弟兄祖先歷史」的人們，以此「歷史」建構一個各族群對等合作、分配與競爭的社會。在一條山溝中，各個村寨人群（族群）在對等基礎上，大家共有、分配與競爭本地資源。歷史記憶中的主要符號，「弟兄」，隱喻著各族群間的合作（兄弟如手足）、區分（親兄弟明算帳）與對抗（弟兄鬩牆之爭）。無論如何，這樣的「歷史」使得本地各族群都在「對等的」族群關係中。

相反的，「英雄祖先歷史」所建構的，則是各族群有優劣等差的族群關係。在這樣的社會中，有英雄祖先的後代，有被英雄祖先征服的「土著」之後

代，有晚於英雄祖先來此的「新移民」。如典範的美國史，乘坐五月花號等移民船由歐洲來此的「英雄祖先」們，其後裔成為此社會中的主流、核心族群；更早居此的土著後裔，是被打敗、征服的「印地安人」；較晚來的非洲裔、亞裔與中南美洲裔則是「新移民」。典範的「台灣史」也是如此。然而在「弟兄祖先歷史」文化下，人們會認為典範的「美國史」應是：「從前這兒沒有人，五十個弟兄到這兒來，他們各自到一個地方建寨，他們就是現在這五十州人群的祖先。」但在我們及美國人看來，這無疑是一種「神話」。

為自己建構「英雄祖先歷史」的族群，常相信異族也源於「英雄祖先」。譬如，漢代中國人曾認為四方異族都是一些「英雄祖先」的後代；當然，都是一些不甚光彩的「英雄」。他們的祖先或是一隻狗「盤瓠」，或是一個失位的王子如箕子（朝鮮之祖）與太伯（江南吳國之

在人類族群生活中，「弟兄祖先歷史」與「英雄祖先歷史」是不同的社會族群關係產物。

祖），或是被華夏英雄祖先黃帝打敗的悲劇英雄，如蚩尤與三苗（南方與西方蠻夷之祖）等等。如「盤瓠」的故事說：

從前在高辛帝的時候，有犬戎作亂。皇帝屢次派兵征伐，都無功而還。於是皇帝懸賞，誰能獵得敵人大將的頭，就把女兒嫁給他。後來一隻名叫盤瓠的狗，居然咬下敵人大將的頭前來領賞。皇帝非常歡喜，但卻不知是否該封賞這條狗。他的女兒卻說，皇帝不可違背自己的許諾。因此她堅持要嫁給盤瓠。皇帝無奈，只好答應她。盤瓠揹著她的新娘，進入深山中。在那兒他們生了六男六女十二個小孩；他們就是本地蠻夷的祖先。

宋代人所寫的《太平寰宇記》中，有一段關於今日湖南西部「五溪蠻」的記載。這記載稱：「這兒五條主要溪流的居民來源，據本地老一輩的人說是，當年楚國滅了巴國，巴王與他的弟兄共五人逃到這兒來，每人各占一條

溪，成為當地統治者。另一種說法是，五溪蠻夷都是盤瓠子孫。」由這個記載我們可以看出，當時湖南西部的土著還是以「弟兄祖先歷史」，來說明本地五條溪流各村寨居民間的族群關係。然而，當時的漢人作者卻認為他們是「盤瓠」後代。哪一種說法是「歷史」？哪一種是「神話」？

什麼才是「真實」？

一九三〇年代，民族學者在雲南江心坡地區採集了一則「神話」。當時，本地人還被稱作「野人」。學者記載的「神話」是：

野人，聽說是蚩尤的子孫。但本地老年人說：「我們野人與擺夷、漢人的祖先是兄弟。我們野人是大哥，擺夷是二哥，漢人是老三。因為父親疼愛最小的兒子，所以就把我們大哥趕到高山上去，還要二哥擺夷種田來養老三。父親還怕野人大哥作亂，欺侮小弟。於是要二哥擺夷住在我們與漢人中間，一方面防範我野人大哥，一方面保衛老三。」

雖然這被當作是「神話」，但它透露很多訊息。它表示，漢人將「野人」視為「蚩尤」的後代，並以此「歷史」表示他們是好作亂而被黃帝打敗的英雄祖先（蚩尤）的後代，也藉此證明這「少數民族」在整體國族中的劣勢地位。然而，「野人」卻建構一個「弟兄祖先歷史」，來說明野人、擺夷（傣族）與漢人是對等的三弟兄；只因為父親偏心，才使得「野人」住在高山上。此「神話」中透露著，在與漢、擺夷的現實關係中，「野人」的自負與無奈，以及他們對理想族群關係的期望。

在川西的藏、羌族間，還流行一些真正的「神話」；人們不相信它們，但還是樂於傳述這些故事。譬如以

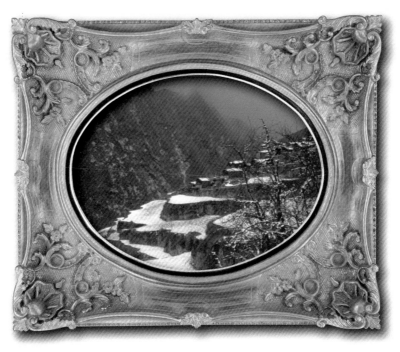

下這一則神話故事：

周倉是我們的神，諸葛亮是漢人的神。有一天，他和諸葛亮打賭。首先賭灌縣。他們約定，誰能把麥草甩到河對面去，誰就贏到灌縣。周倉有點笨，他用乾麥草甩；乾麥草輕，就甩到河裡去了。諸葛亮用口水把麥草弄濕；麥草變重，於是就甩過河去。灌縣就被諸葛亮拿走。他們又賭另一個縣。這回是賭打蒼蠅。諸葛亮用指頭輕輕一按，就把蒼蠅壓死。周倉用拳頭狠狠的打，拳頭還沒揮到，蒼蠅早就飛走了。於是又輸了一個縣。就這樣汶川以下都被漢人拿走了。

這故事與「歷史」無關，在本地人觀念中它也是「神話故事」。在中國民間歷史記憶中，周倉是關雲長的忠實部將，一個黑臉、滿臉鬍鬚的粗壯漢子；在民間圖像中，他手持大刀，站在關雲長身後。透過說這樣的故事，透過「周倉」這樣的符號，他們表達的是從主流社會

神話雖不真實，卻隱含著最不易改變的族群關係與社會現實。

那得到的我族形象——我族是有力氣、沒頭腦的「蠻子」，是漢族忠心耿耿的衛護者。同時透過「諸葛亮」，他們也表達對漢族的看法——漢族是聰明且狡猾因此得到好地盤的人。「神話」雖然不真實，不受爭論，但就是因它不被爭論，所以隱含著最不易改變的族群關係與社會現實。

「歷史」或「神話」的內容都不一定真實，但它們都真實流露人們的情感與意圖。因此強要分辨「歷史」與「神話」、追尋「歷史真相」，永遠無法讓人類從歷史悲劇與社會不平等中走出來，反而只是以新的典範歷史造成新的社會不平等。然而，了解自己與他人的「歷史」與「神話」，從中體會人們的情感、意圖，如此對族群與歷史的反思與反省，將可能改變明日的人類族群關係。■

本文作者為中研院歷史語言研究所研究員

紀念或扭曲——從「五四」雕塑談起

紀念性公共藝術創作、策畫和審批者個人的識見，即他們對歷史的記憶和理解，
對「集體記憶」的形成有極強的影響。

文—雷頤　攝影—沈帆

「集體記憶」（Collective Memory）這一概念是法國社會學家霍布瓦克（Maurice Halbwachs）首先提出的。1877年出生、1945年「二戰」即將結束前去世的霍布瓦克，是第二代「涂爾幹學派」（Durkheimians）最重要的代表性人物，他最具開創性的研究即關於「集體記憶」的探討。

在《論集體記憶》（On Collective Memory，1992）一書中，與傳統史學認為只有「歷史學」、「傳記」等才是認知過去的渠道不同，霍布瓦克認為日常生活中的節日、儀式、聚會等與史學、傳記等同樣是認識過去的重要渠道。他尤其強調記憶必須依賴於某種集體場所和公共論壇，脫離集體、公共的記憶，將迅速被時間腐蝕。只有在社會性中，「集體記憶」才能保有活力。因此，社會強勢集團的「集體記憶」往往要盡一切可能成為主導社會的「集體記憶」。

當代中國關於「五四」的雕塑，為哈氏的「集體記憶」理論提供了一個小小的註腳。

翻開歷史新頁，領袖何在？

在中國現代歷史的行程中，「五四運動」打下了深深的印記。在那群熱血沸騰的「新青年」中，北京大學有著舉足輕重的地位。因此，2001年在北京新建成的皇城根遺址公園中段，緊挨舊北大「紅樓」的五四大街路口，修建了一座4.5乘8.2米、重達4噸的大型不鏽鋼雕塑，名為「翻開歷史新的一頁」，紀念五四新文化運動。

這座大型雕塑的浮雕主體是那些青年學生的精神之父——他們的老師。的確，正是這些新文化運動的先驅，培養、造就了一代新青年。但使人驚訝的是，這座雕塑的浮雕部分鐫刻著李大釗、魯迅、蔡元培和青年毛澤東等人的頭像，而且當時影響甚微的青年毛澤東頭像位居雕塑中心，卻獨缺兩位最重要的領袖人物陳獨秀、胡適；並且刻上了當時幾乎無人知道、幾十年後才公開發表的青年毛澤東寫的詩詞〈沁園春·長沙〉。

眾所周知，五四新文化運動翻開了歷史的新一頁，而這新一頁，卻是從陳獨秀創辦《新青年》雜誌開始的。1916年9月，陳獨秀創辦的《新青年》在上海首次出刊，創刊號的篇首就是陳獨秀本人寫的〈敬告青年〉，提出了著名的「新青年」六條標準：自主的而非奴隸的、進步的而非保守的、進取的而非退隱的、世界的而非鎖國的、實利的而非虛文的、科學的而非想像的，在一潭死水中掀起不小的波瀾。

1917年1月《新青年》發表了當時尚遠在美國的胡適的《文學改良芻議》，提出言之有物、不摹仿古人、須講求文法、不作無病之呻吟、務去爛調套語、不用典、不講對仗、不避俗字俗語等新文學的「八事」，明確提出「言文合一」，以「白話文學」為文學之正宗。今日看來是無甚高論，但當年卻是駭俗之論，被稱為「發難的信號」、「首舉義旗」。

此後，陳、胡聯手，共同推進新文化事業；陳果決、胡寬容，陳重破、胡重立，可謂相得益彰。陳、胡以《新青年》為陣地，集結

了李大釗、魯迅、劉半農、錢玄同等一批新文化運動的思想領袖，在貧瘠的中國思想界播下了「民主與科學」的種子。

在內憂外患不斷、社會腐敗不堪、政治一團漆黑的情況下，陳獨秀、胡適先後改變了不談政治的初衷，捲入政治的狂瀾。書生從政，實際難免尷尬，結果他們都被政治的大潮裏挾，起伏跌宕，雙雙釀成不能不令人扼腕長歎的悲劇人生。陳獨秀因「右傾機會主義」於1927年被中共開除，胡適成為「資產階級思想」在知識界的總代表，在上世紀五○年代發動了全國性的對「胡適思想」的嚴厲批判，作為「知識分子思想改造」的重要內容。

當歷史屈從權力

其實，無論他們後來「干政」的歷程如何坎坷曲折，歷史的風雲際會使陳獨秀、胡適無可否認地成為新文化運動的領軍人物。魯迅坦承自己在新文化陣營同仁中「佩服陳、胡」，而當時的一代青年對他們的敬佩更不在話下。毛澤東曾對斯諾回憶說：「《新青年》是有名的新文化運動的雜誌，由陳獨秀主編。當我在師範學校做學生的時候，我就開始讀這一本雜誌。我特別愛好胡適、陳獨秀的文章。他們代替了梁啓超和康有為，一時成了我的模範。」「有很長一段時間，每天除上課、閱報以外，看書，看《新青年》；談話，談《新青年》；思考，也思考《新青年》上所提出的問題。」揆諸史實，確實如此。

社會強勢集體的「集體記憶」往往要盡一切可能主導社會的「集體記憶」。

在中共七大預備會議上，毛澤東明確說陳獨秀是「五四時期的總司令，整個運動實際上是他領導的」，「我們是他那一代人的學生」。他回憶最早是聽陳獨秀說「世界上有馬克思主義」的。而在五○年代出於政治需要聲勢浩大的「批判胡適」運動中，毛澤東仍說：「批判嘛，總沒有什麼好話。說實在話，新文化運動他是有功的，不能一筆抹煞，應當實事求是。」「到了二十一世紀，那時候，替他恢復名譽吧。」

但在「二十一世紀」豎立的這座「翻開歷史新的一頁」，仍然罔顧歷史事實，依然不願為陳、胡「恢復名譽」。由於雕塑的作者完全是以後來的「成敗」論英雄、排座次，才會把當年歷史事件中的「學生」置於「中心」，把「老師輩」的李大釗、蔡元培等放到「邊緣」，而起指揮、領袖作用的陳獨秀、胡適則乾脆被「一筆抹煞」。

在這裡，過去的「歷史」明顯屈從於現在的「權力」，才會產生這種扭曲歷史的雕塑，其後果非常嚴重。這種具有公共紀念性質的藝術品，具有某種宣傳的「強迫性」，使過往者不能不看；對大眾而言，它對所表現、詮釋的事件又具有某種權威性。所以紀念性公共藝術創作、策畫和審批者個人的識見，即他們對歷史的記憶和理解，對「集體記憶」的形成有極強的影響。現在時常有人在「翻開歷史新的一頁」前照相留念，但留給他們的，將是沒有陳獨秀、沒有胡適的「新文化運動」。∎

本文作者為中國社會科學研究院近代史所研究員

1965年日記三則

一說憶苦思甜，我的心就熱了。

文—查泪

　　下面這三則日記片斷，摘自1965年的下鄉簡記。「憶苦思甜」曾經是大陸農村的主要工作方法，在四、五○年代的土地改革、反霸鬥爭中，對鞏固和穩定政權有它不可抹煞的功績。但是，它後來卻似乎「失效」了。現在再要一個農民去「記憶」，也許會收到相反的效果。這難道是「記憶」之過嗎？

◎

　　經過幾次爭取，總算讓我來到這裡——河南林縣。雖說是河南，其實這個縣離北方並不遠，口音還是很北方的，大抵還可以聽懂。這次我們下鄉，使我們這些大城市長大的知識人有了向貧下中農學習的機會，一定要抓緊這個好時機，好好學習和鍛鍊，長見識，學本領，可以以後更好地為人民服務。

　　這兩天的任務很簡單：訪貧問苦。如何訪法？上面對我們

說，你們要直接依靠貧下中農，就是去找村裡最窮最苦的人，同他們談心。談心的最好辦法是：憶苦思甜。一說憶苦思甜，我的心就熱了。打從五○年代到現在，不是每次下鄉都靠這個發動群眾的嗎？聽前輩們講，他們過去搞土改時就用的這辦法，一下子就把窮人發動起來，把地主富農鬥得個個灰溜溜的，有的甚至被當場逮捕法辦。

經過摸底，明天打算去村南王大娘家。我們現在住在村北一小廟，旁邊的周叔再三同我們說，王大娘根正苗紅，過去受苦最多。

◎

找到王大娘的家。我們先幫她老人家打掃院子，還一起收拾了一下剛收下的莊稼：一點點小而爛的白薯。於是，慢慢地話盒子打開來了。

王大娘的河南北邊的土話，聽來很親切，但不是字字句句都能懂。我們動員她講講過去的苦日子。她剛一提頭，眼淚水就吧嗒吧嗒地直掉，顯然，這觸及她最心痛的事了。

她指著收下的小白薯對我們說，那些年頭，連這都沒得吃。每年辛辛苦苦，起早趕黑，到頭來，收到糧食都吃不飽。可是那些大戶人家，卻整天吃魚吃肉。她還告訴我們，這些大戶之中，最壞的是那個姓馮的。這個姓馮的傢伙，一直在鄉里霸占婦女，欺壓百姓。

我們三個人，聽到這裡真是肺都氣炸了。回來後，決定趕緊寫報告，上報工作隊。

◎

自然由我執筆寫報告。不費多大工夫，一揮而就。可是，大家一看，覺得事情發生的時間沒弄清。我說這自然是指1949年以前，張大姐說這位王大娘似乎說過「頭年前」，興許是指這幾年。於是，我立即跑步去村南問王大娘。問下來，把我一下子弄得昏頭轉向了：原來她說的真是前一、二年的事。

要是這樣「憶苦思甜」，我們豈不都犯了原則性錯誤。再了解一下，所謂姓馮的，原來就是那位老書記，我們的大領導。「苦」也者，指的應當是地富反壞右的罪惡。假如把帳算到領導身上，豈不犯了原則錯誤。

想到這裡，我們三個人一致決定：立即停止這種「憶苦思甜」活動，並且互相告誡：徹底忘卻上面這段經歷。 ∎

本文作者為文字工作者

現在再要一個農民去「記憶」，也許會收到相反的效果。這難道是「記憶」之過嗎？

1:99的沙士集體回憶

經1:99稀釋再稀釋，兩年後還剩下什麼？

文‧圖片提供─潘國靈

　　我已經記不起來了。市面的蕭條、人們的惶恐、社會的悲情。不過是兩年前的事，城市人一個特長是善忘。而且，據美國一些科學家說，沙士（SARS），已經不具殺傷力了。

　　禽流感才是當下全球面臨最大的傳染病威脅，其傳染力高於沙士──美國疾病管制中心如是說。彷彿病毒也如年度選美一樣，要移交后冠。這樣一來，沙士就更加成為「過去式」了，或者說，如罐頭一樣戳上了一個時間標籤，這個時間標籤就叫，2003。

　　的確，在香港，如果沙士有什麼集體回憶，它是嵌入整個2003中樞神經網絡的。與它連在一起的，有張國榮自殺、七一大遊行、羅文及梅艷芳相繼病逝，合演出一個「無間年」，有人又稱之為：一個時代的終結。對我來說，4月1日的意義，自2003起也徹底改變，它不是愚人節，而是悼念日。這天謠傳香港宣布成為疫埠，引發搶購糧食潮、淘大花園家居隔離令實施；然後，然後是「哥哥」墜地的巨響，他在空中張開兩手或許如展翅之姿──「無腳鳥」倒地了。一切實在太巧合了，彷彿冥冥中有誰在撰寫劇本。巨星殞落破長空，沙士濃雲愁永晝。

　　死亡成全了傳奇，但更多的是無聲燈滅。已經無法憶述數字的駭然，每天新聞報導：多少新增個案，多少死亡個案，多少是醫護人員，多少是長者，多少是長期病患者。數字敏感未必增加情感敏感，旁觀他人之痛苦，同感之心終究是短暫的。最後浮動的數字定格：近1800宗個案、299名死者，他們都是無名氏（除了極少數為殉職醫生謝婉雯），為歷史蓋上封條。早前柯林頓來港為自傳宣傳，媒體紛紛報導，沙士最後一位康復者鍾待政醫生獲柯林頓特別禮待，除安排排頭位外，簽名外另加上款。可以康復，總是好的。輿論也說社會自沙士中康復過來。然而什麼是康復呢？骨枯症患者呢？身心創傷者呢？家庭破碎者呢？對他們來說，2003是永久延擱的一年。我們輕言「最後」，背後必然是，集體忘了很多。

　　米蘭‧昆德拉說：「由於歷史事件的不復回歸，革命那血的年代只不過變成文字、理論和研討而已，變得比鴻毛還輕，嚇不了誰。」沉重如革命如是，瘟疫亦然。除非沙士回歸，它留給我們的，最終將隨著時間愈加化約為一堆名詞，如：非典、911酒店房間、淘大花園、8A病房、1:99（酒精與水的比例）、板藍根、白醋、利巴韋林加類固醇、口罩、飛沫、世衛、社區爆發、集體感染、零感染等，以及一兩句經典台詞，如前衛生局局長楊永強的「香港沒有爆發肺炎」、香港特首夫人的「千祈（編註：

解作『千萬要』），千祈，千祈，洗手，洗手，洗手」。

當然還有媒體。現代人的記憶愈來愈依仗媒體。沒有媒體，集體記憶恐怕就無以建構和延續。文字有各類非典書籍，沙士期間出版社反應異常迅猛，沙士湯水書推陳而出，盡顯港人即食文化和實用主義，幸而事後也有好些具反思性的作品出現。香港人少看文字，電影更深入民心，沙士電影有《1:99》、《金雞2》、《非典人生》等，共通方程式是逆境自強，心靈雞湯從來合香港人脾胃。於此來看，素來癡男怨女的香港流行曲竟以沙士入題，譜出一首城市悲歌〈廢城故事〉，便實屬難得（感謝林夕）。

暴雨天　文浩約好美穗
商討婚宴事宜煩惱中飲醉
怎麼娶　摯友也都畏懼
只好一再延期等賓客都敢去

愁雲下瘟疫蔓延　誰理會友好　新婚慶典
新增個案逐個逐區的抗戰
如荷里活場面　實況身邊上演

怪上帝　何以無數雙眼都不閉
只知咫尺內有無數個喪禮
還有誰有膽去搞婚禮　誰也額到很廢……

疾病打斷了日常生活，構成對生活的陌生化。

書籍、電影、歌曲，看了的看了，聽了的聽了。作為一個愛書人，沙士期間一個意外「收穫」就是困在家中看了不少好書，如蘇珊・桑塔格的《疾病的隱喻》、卡繆的《瘟疫》、丹尼爾・狄福的《大疫年紀事》、薩拉馬戈的《盲目》等。這些書也許不是普羅大眾會看的，但也獲當時書市垂青，另外還有標上「病毒」和「瘟疫」二字的書籍，如《槍炮、病菌與鋼鐵》、《瘟疫的文化史》等，今天亦占據了書櫃一角。

各人都以自己的方式繼續生活，並苦中作樂。口罩把我們面孔遮蓋，但有人為口罩設計不同款式，平添樂趣。平日無意識呼吸，口罩一旦戴上，便格外覺得氣息之尚存。疾病打斷了日常生活，構成對生活的陌生化，人們也表現出共患難時的彼此關顧。當然，日子久了，鐘擺自會由陌生化一端擺回習慣化一端，這是人性之必然，遺忘是繼續上路的恩賜。回復正常，又好像不再一樣；大事發生過，又好像不曾發生。醉生夢死莫非就是這般味兒。一些事情，經1:99稀釋再稀釋，剩下來的，可能就是我們所說的，集體回憶。　■

本文作者為香港作家

爲一顆飛球振臂吶喊

萬衆矚目加上戲劇性的結局，
讓1983年的那場嘉年華像個巨大的凝結，
永遠那麼膾炙人口。

文—藍嘉俊　　圖片提供—中央社

　　1969，金龍少棒拿到第一座世界冠軍那年，我出生。從此，這顆縫著紅線的白球，著地、飛行、著地，再飛行，注定要在我隨後成長變老的過程中，劃出一道道深刻的痕跡。

　　剛開始是王貞治。我還要踮起腳從信箱取出報紙時，每天的第一件事，就是關心這個旅日全壘打王是否又發威了。一支發生在千里之外的全壘打，就能帶來開心的一天。

　　七〇年代，從威廉波特到羅德岱堡，連戰皆捷的三級棒球全面點燃了國人的熱情。它們大都能帶來一個美麗的句點，那就是爭霸之役的深夜越洋轉播。父親會搖醒我，和所有生長在那個時代的其他人一樣，點盞小燈，興奮地盯著電視畫面。沒有意外的話，冠軍到手，早就備好的賀電打在螢幕上，再來就是滿街的鞭炮聲，全台的人皆帶著滿足的笑容、跳回床上睡回籠覺。我想，很多當兵的人半夜第一次被叫起來站衛哨而未感陌生，恐怕都是曾經兩三點打著呵欠起床看球所帶來的啓蒙吧。

　　電視轉播並非場場都有，但廣播是不會缺席的。迷上棒球後，我變成每役必與，並且練就一身功夫，總能在開賽前幾分鐘神奇地自動醒來。這時，最重要的配備，就是父親那台比明信片略小、黑色外殼繞著透明膠帶的國際牌收音機。膠帶是用來黏補裂縫的。有次我聽著聽著睡著了，收音機從手中滑落到床下，匡噹一聲，所幸只傷到外殼。這膠帶，不只牢固了一台老機器的結構，
更將一個男孩和他初識的棒球世界也牢
牢黏結在一起。即使睡意
濃，

我也堅持要全部聽完，好像非得確定過關了，另一天才能展開；好像要完整經歷最後一場球賽，暑假才算落幕。

上了國中，迎接我，或者我們的，除了聯考，還有更精彩的成棒賽。那正是八〇年代，中華隊陣容最華麗、賽事最經典的時期；諸多選手是從少棒一路打上來，個個身經百戰，像明星般被熟知。二十多年後，我仍舊能列出當時每一個守備位置的先發名單。很多老球迷認為，棒壇最強的夢幻組合應該是誕生在那個階段，至少在情感上，這些球員是無可替代的。

1983年也是無可替代的。7月，中華隊才在比利時的洲際盃，以十三比一、不可思議的差距橫掃棒壇強權古巴隊。但九月的亞洲盃卻幾乎陷入絕境。因為趙士強漏接了一個必死的飛球而敗陣，中華隊必須要在最後一天連勝韓、日，否則，就進不了奧運大門。那天我們還在上學，收音機偷偷擺在書桌下，情緒，被播報員繃到極點。有一堂理化課，正在靜靜寫著黑板的女老師，突然回過頭來問：「現在幾比幾了？」你可以想像，在台下正襟危坐的我們聽到這句話有多驚喜。

那真是苦戰啊，首場比賽就打了十一局，從落後、追平到超前，好不容易解決了韓國隊，接著，還要面對以逸待勞的日本隊。零比

父親會搖醒我，和所有生長在那個時代的其他人一樣，點著小燈，興奮地盯著電視畫面。

零的比數僵持到第九局，就在我放學回到家，準備看電視轉播的那一刻，趙士強轟出了再見全壘打。這個在我國棒運史上意義非凡的一擊，中視卻沒拍到。廣告結束鏡頭再拉回現場時，趙士強已經隨著記者激動、沙啞的聲音跑回本壘，被從休息室衝出的隊友所包圍。而當晚，全台則被瘋狂的歡呼所淹沒。

那一天，郭泰源獨撐了十七局，你彷彿看得到他通紅的手臂正冒著騰騰熱氣，趙士強則從民族罪人瞬間變成民族英雄，萬眾矚目加上戲劇性的結局，讓1983年的那場嘉年華像個巨大的凝結，永遠那麼膾炙人口。

當然，輸球帶來的是另一種撼動。隔年的漢城奧運，和美國、日本的兩場關鍵比賽，中華隊都以一分飲恨、無法進軍金牌戰，當時，整個人感覺都空掉了。但漸漸地我們都體悟到，跳開了沉重的國族榮譽，棒球與人生是多麼地類似。有時你能反敗為勝，有時卻被活生生逆轉，這一路上，誰不曾贏過幾場球、輸過幾場球？

然而，是這些選手在如戲人生中的深刻演出，讓無數人的成長有所慰藉。透過他們的征戰，我們那過去的遙遠的某一天也有了交集，共同為了一顆飛行的白球，那樣毫無保留地振臂吶喊。■

關於記憶與失憶的50本書
4本和其他46本

與記憶相關的網站推薦詳細介紹與內容，請上網查閱，網址為：
http://www.netandbooks.com/taipei/magazine/no16_memory/web.html

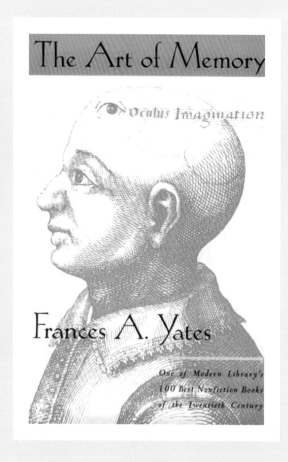

《*The Art of Memory*》 Frances A. Yates／著
（University of Chicago Press）

法蘭西絲·葉茲（Frances Yates）在1966年出版的這一本《記憶的藝術》，是一本經典之作。閱讀這本書有多重收穫。

首先，這本書把西方心像記憶法的傳承，做了極其完整又生動的整理。由古希臘的西末泥德開始，到柏拉圖與亞里士多德對記憶的觀點，先有了一個旁徵博引的開頭。到羅馬時代的整理，從西塞羅、昆提連（Quintilian）及《獻給海倫留姆》（*Ad Herennium*）佚名作者的比較分析，把心像記憶法的三派相同與相異發展，做了要領清楚的陳述。

接著作者沿著奧古斯丁與阿奎那的脈絡，把心像記憶法與基督信仰的結合，做了解釋。然後，再花很大篇幅，把布魯諾（Giordano Bruno）在心像記憶術的發展上的成就，做了周全的介紹。最後，則慧眼獨具地以萊布尼茲發明微積分為分水嶺，結束了心像記憶法的時代。

第二，作者不只是整理了心像記憶法，事實上幾乎是從另一個角度整理了一部歐洲思想史。你可以感覺到她隨時在旁徵博引，但難得的是都清楚明瞭，而且寫來遊刃有餘，令人閱讀起來大有輕舟已過萬重山之感。

第三，由於作者的理路十分清楚，而且在寫作上也表現得極為透明，所以任何想要做研究寫作的人，都可以當作一份導引。

難怪出版已經四十年的一本書，卻令人可以花費幾天晚上一口氣讀完。（傅凌）

《記憶版圖》 林育德／著（臉譜）

版畫，是一種在金屬版面上雕刻圖文，再加以施墨、印刷的工藝技術。十五世紀中葉到攝影技術普及的十九世紀中葉之前，人們運用版畫技術留下眼睛所看到的景物。版畫不只具備記錄與再製的功能，它還是創作者發揮的空間，從一門技術提升到藝術的層次，成為藝術表現的形式之一。

西方版畫發展的前期，正值中國史上雕版印刷術發達的時代：明代。明朝下半葉，版畫隨耶穌會教士東傳，似乎未對漢式版畫技術產生顯著的影響；這次文化傳播的意義，其實是在於提供一種記錄的工具，保留了往後數百年間中國的人文影像。

十六世紀大航海時代來臨，歐洲諸國的船舶揚著帆航向東方，他們獲取龐大的商業利益與擴充宗教版圖之餘，還震懾於不同文明典型的中國風貌，於是，由歐洲人創作、以中國人文風景為題材的版畫，由於風格寫實，成為了解遙遠中國最直接的工具，而廣受大眾喜愛。這股「中國熱」的風潮一直持續到十八世紀左右。

本書所收錄的版畫是十九世紀中葉的作品，時值鴉片戰爭後，中國與西方簽訂條約，開放港口對外通商，外籍旅行者得以深入中國內地采風擷俗。這些版畫延續了前世紀對異國情調的渴望與想像，因此自然山水、建築庭園、市井生活、人物肖像等各式題材皆可入畫，同時也糅合了畫家對於技法的運用、構圖的剪裁，以及個人的歷史認知與歷史記憶，因而離當時的現實有一段差距。這些版畫訴說的歷史情境，雖然距今不過百年，但基於歷史失憶症的罹患率在現代社會中比率不低，因此，詳盡的圖說是絕對必須的。作者大量引用1793年英國使節馬嘎爾尼出訪清國的沿途見聞，以及年代相近的史事，試圖讓這些圖像釋放出更多意義。（陳彥仲）

《追憶似水年華》（*A la recherche du temps perdu*）
普魯斯特（Marcel Proust）／著　李恒基、徐繼曾／等譯（聯經）

對於許多人而言，時間，是一種抽象概念，哲學家們窮其畢生精力試圖描繪、解釋其真義，科學家們則創造各種儀器與宇宙理論，尋找時間古老的起源與發生。然而對於法國作家普魯斯特而言，時間是由一連串片段的記憶所組成。

由於普魯斯特早年患有慢性哮喘，使得他在身體活動上多少受到限制，加上他個人相當敏感而神經質，造就出他對於周遭事物的細膩敏銳度，這讓他得以沉浸在廣大的文學世界中，也因此備受家人的寵愛。種種因素加起來，便促成了日後這部《追憶似水年華》巨著的誕生。

若以一般比較文學小說分析的觀點來看，這部小說以七大部的故事來呈現作者一生所記憶的一切事物與事件，然而這七大章節之間並沒有連貫性，相對的，作者經常以我為中心，在敘事中間插入各種感想、議論及倒敘，換言之，一般的時間記錄方式在本小說中幾乎捨棄無用，而且作者亦在第一部開初就透過布洛克之口直接道出：「我從來不受天氣變化和公認的時間分割的約束。我寧可規勸世人使用鴉片菸槍……」的確，普魯斯特的語言細膩而自成一家，然而正因他摒棄了世俗的時間觀念，以個人腦中唯一的記憶線索作為整部小說的鋪陳與架構，不啻開創現代小說的先河，對於愛情，對於人世間一切細微的美好，對於他過往曾經出現在他生活周遭的人物，他都有話要說，而且是透過他主觀且唯觀的三稜鏡反射出他那十九世紀末舊時代的逝去。那是對似水年華最後的回眸一瞥，點點滴滴，隨著普魯斯特的世界，在每一位讀者心中常駐。（Ricardo）

《記憶七罪》(*The Seven Sins of Memory*)

丹尼爾‧沙克特(Daniel L. Schacter)／著 李明／譯(大塊)

大部分人都有這樣的經驗。明明是認識的人,連他家裡養了條狗都知道,但記憶就差臨門一腳,於是乎,對方的名字只能在舌尖上打轉,呼之欲出,卻久久喚不出來。只能暗暗責怪自己年紀大了,健忘,彷彿犯了一種罪似的心虛。這種記憶上的失落可不只一種。曾經戴著眼鏡找眼鏡嗎?考試的時候腦袋一片空白?或把張三錯認成李四?馬友友更離譜,把名貴的大提琴遺忘在計程車上。更嚴重的,有人可能認了不曾犯過的罪,坐了不該坐的牢。或者反過來,想忘的忘不了,以至於罹患憂鬱症。在丹尼爾‧沙克特(Daniel Schacter)這位專家的分類中,記憶所造成的種種差池恰好和基督教裡的七罪一樣多,稱之為「記憶七罪」,分別是健忘、失神、空白、錯認、暗示、偏頗與糾纏。沙克特是哈佛大學心理系教授兼系主任,研究記憶已有二十載。本書結構單純完整,條理分明,而且實例繁多,沒有過多的專業用語。沙克特以一章一罪的方式,分門別類地介紹記憶如何出錯,以及可能造成的後果。這本2001年的新作援用了不少新近的研究結果,介紹大腦在記憶與學習時的活動,幫助讀者了解記憶為何產生偏差,並且提供可能的克服之道。把時間的尺度拉長來看,記憶究竟是一種罪惡還是一種美德,殊難定論。也許,健忘是專注的副作用,而糾纏是牢記教訓的副產品。為了生存,老祖宗奮力適應環境,演化的結果同時導致了記憶的善與惡,就像銅板的正反兩面。或許,記憶七罪真是一種必要之惡?(Jasmine)

史記 On Memory and Reminiscence

《*On Memory and Reminiscence*》 Aristotle／著(Amazon.com, e-book)

亞里士多德的著作,很容易令人打起退堂鼓,尤其在讀一些中文譯本的時候。這次本來打算介紹一個中文版本,但看過之後還是打消此意。

但是如果你肯找一個英文版本來讀,你會發現,亞里士多德先生是多麼輕鬆有趣地和我們在討論他那些早早就在思考的論點。在這一本可以稱作記憶經典之作的書裡,亞里士多德指出:所有有能力認知時間流逝的動物,都有memory,也可以remember。但是動物之中只有人類,有能力不只可以remember,還可以recollect。人類之中,擁有大量memory的人並不等同於善於recollect的人。通常,擁有大量memory的人,心思比較遲緩;善於recollect的人,心思比較靈活。光這幾個觀點,就足以讓我們努力地把這本書好好地研究個透徹吧。更何況並不厚。(傅凌)

《歷史與記憶:全球現代性的質疑》王斑／著 (牛津大學)

記憶,不管是個人記憶或是集體記憶,所代表的是一種無可取代的獨特性,反映出人類文明的內涵。然而,在資本主義快速發展的現代社會中,資本家為了追求利潤,創造全球性跨國事業,凸顯單一品牌,利用廣告媒介的強力放送,不斷刺激大眾消費,人們因而逐漸脫離與自己相連的記憶,走向萬事商品化的世界。在這樣的世界中,記憶即使存在,但也淪為一張輕薄的包裝紙,只為刺激消費而已。

作者通篇不斷引述現代重要思想大師所言與其理論精髓,對資本主義進行嚴厲批判,他以中、港、台三地的文學、電影作為切入面,分析這些藝術創作如何運用記憶來對抗這股全球趨勢,但作者以中國現代史的重要大事作為評論變遷的時代依據,不同歷史情境之下的台灣能否以同樣標準來審視,是有待商榷的。(陳彥仲)

《論集體記憶》(*Les Cadres Sociaux de La Memoire*)

莫里斯‧哈布瓦赫(M.Halbwachs)／著 畢然、郭金華／譯(上海世紀)

在這本實際由若干篇探討人類記憶的論文組成的書中,作者對睡夢、語言、宗教、家族、社會階級與歷史記憶的關係都作了深入研究。作者的研究表明,只有當個人的記憶是被定位於所屬社會對記憶的集體架構(Collective Framework of Memory)內,個人的記憶才有生命,否則將無法被社會所保存,更無法成為一種有社會文化意義的集體行為。因此,歷史記憶與公眾活動緊密相連,其實質是一種「集體記憶」。而集體記憶所建構的記憶又往往依靠社會有關記憶對象的主導思想,具體而言,社會主導思想又有可能受到統治集團的支配。因此,本書對「集體記憶」與權力的關係,也作了深刻的揭示。(雪頤)

《憂鬱的熱帶》(*Tristes Tropiques*) 李維—史陀(Claude Lévi-Strauss)／著 王志明／譯(聯經)

拉開抽屜,發現內層之中還有夾層,一層一層,究竟如何區分內、外,讓人心生混淆,一一全部關上,才是一個完整的個體。原來,不論彼此的關係如何定義,經由互相之間緊密結合,才能達到最後的完整。

人類學家李維—史陀於1955年完成了這本著作,內容可喻為他的私人記憶抽屜,一層是關於個人生命歷程的片段記憶,一層是大航海時代以後深受歐洲文明影響的世界歷史記憶,一層是居住在巴西熱帶叢林內原始族群(今日被通稱為「原住民」)的神話傳說記憶。抽屜一層一層拉開,我們藉由記憶,開啟人類學知識之窗,將人類學者的生活拉近眼前,並且多少了解了李維—史陀這個人。(陳彥仲)

《Landscape and Memory》 Simon Schama／著（Knopf）

我們的思維直覺會認為自然與人為環境是截然對立的，人類「進步」的過程即是自然的淪落史，隨之而失去的還有大自然所代表的純真、完美和樸實。知名歷史學者 Simon Schama 則一反成見，認為我們不只是透過肉眼，也是透過「心之眼」來觀看和認識大自然。自然景觀同時也是文化和社會的產物。我們崇仰自然，將情感投射其上，而層層神話、傳說和歷史記憶的積累，更豐富了自然景觀的寓意。所以，像「生命之樹」、「河流是城市的血脈」之類借用自然為隱喻的話，在各種語言裡多不勝數。這是一本難以摘述的書。雖是一部關於歷史、文化和美學的長篇論文，但絕無學術著作的枯索僵滯。Schama 以優美似散文的筆觸，舒緩地漫步在各個時空和地域，帶領讀者重新賞析看似無奇的景物，翻掘其中埋藏已久的人類共同記憶。書中或許沒有嚴謹架構或堅實的論據，但換來的是一趟愉悅的知性之旅。（趙學信）

《利瑪竇的記憶之宮》（The Memory Palace of Matteo Ricci）
史景遷（Jonathan D. Spence）／著　孫尚揚、王麗麗／譯（輔仁大學）

史景遷的文筆，加上利瑪竇在中國波瀾壯闊的二十七年生涯，構成了本書最迷人的部分。

這本書從利瑪竇所著《記法》一書的內容談起，涵蓋的範圍十分廣闊。第一，介紹了利瑪竇的記憶方法；第二，描繪了當時歐洲與中國的歷史和文化背景；第三，同時跳脫一般天主教會介紹利瑪竇的框框，把利瑪竇在人時代中的個人的路程，也做了動人的描繪；第四，把天主教會及耶穌會的發展，也同時攤開在讀者面前。

如同史景遷其他的著作，讀這本書令人有多重收穫。對照利瑪竇的《記法》讀，更別有興味。（傅凌）

《哭喊神話》（The Cry For Myth）　羅洛・梅（Rollo May）／著　朱侃如／譯（立緒）

佛洛依德說童年的創傷會影響至鉅，小時候的一只小紙船可能會變成惡夢中的航空母艦。而羅洛・梅說的則是，我們無時無刻不在搬演著神話：在文學裡、在生活裡、在夢境中、在欲求不滿時……神話無所不在，而我們窮極一生或許只是要搞懂我們苦苦執念不捨的某個神話原型。簡而言之，對於佛洛依德是性的焦慮，而對羅洛則是尋找出原型對應神話的焦慮。而找出了原型以後，人的心靈是否會比較有出口呢？這點羅洛他在書中並沒有肯定的回答，或許答案已經不重要，在這個追尋神話原型的過程中，或許我們就藉由追尋的旅程，達到某種類似躺在沙發椅上，跟精神科醫師進行 talking cure 的效果了。（erreur）

《明室──攝影札記》（La chamber claire）　羅蘭・巴特（Roland Barthes）／著　許綺玲／譯（台灣攝影）

本書是法國符號學大師羅蘭・巴特針對影像閱讀所寫的札記。照片一般被認為是記憶的載體，對巴特來說，攝影的本質不是回憶（因其停滯狀態甚至是堵住回憶），而是證實我們看見的確曾存在；它本身並沒有意義，然而「卻又召喚各種可能的深入意義」。

有時候會莫名愛上一張相片，也許是被拍攝者拿著煙的手、窗外雜沓的影子所吸引，巴特在本書提出相片具有兩種元素，像這種能觸動個別觀看者的，稱為「刺點」──觀看者像被前射中般刺痛著。或許未能立即明白為何自己會被某張照片所吸引，往往要在某一剎那腦海閃過片段的記憶，才恍然大悟「刺點」源自於過往的生活經歷。在人手一部數位相機、影像氾濫的年代，或許也是個混淆視聽、記憶錯亂的年代。（冼懿穎）

《心靈機器時代》（The Age of Spiritual Machines）
雷・科茲威爾（Ray Kurzweil）／著　高寶編譯中心／譯（高寶國際）

本書主要探討人工智能的問題，對於未來電腦的演化及由此而來對社會所造成的影響與改變等等做出預測。因此書中對於人類記憶的本質，記憶的複製是否可能，人腦冷凍技術的始末，人工輔助記憶裝置的影響，及由此衍生的人類對自我的判斷等等議題都有討論。作者甚至認為隨著科技的進步，「死亡」將成為歷史名詞，而對於生命現象的認定也將開始取決於心靈軟體而不是身體，而「人腦內目前所擁有的軟體無法成長，是因為人腦中僅有一百兆個神經網路與接點泡囊。若能擴充個幾兆倍，我們的心靈軟體確實將會有成長的空間，而且也是進化的必經途徑」。（墨壘）

《logo的文化史》 錢定平／著（中華書局）

LOGO，可以是一個古代酒旗上的圖案，也可以是現在廁所上的男女圖形。LOGO是一種符號，它有著可以很少，也可以很多的內涵，它可以表示一個身分的象徵，一個家族的血脈關係，以及一家企業的形象。它是一個濃縮的印象，一個濃縮了的記憶。看到了LOGO，我們也就被喚起了記憶。本書分為三部分，上篇討論LOGO文化，以及其作為文化符號的各個方面；中篇則講述LOGO的文化史，擬將從人類的草莽時代開始的LOGO發展史蹟做一介紹；至於下篇則探討中國、美索不達米亞、埃及、印度和伊斯蘭等文明中關於LOGO的意識和意象。（墨壘）

透視記憶 (Memory: From Mind to Molecules)

不論是童年情景的陳述性回憶，抑或某個國家首都在何處的知識性記憶，到鍵盤打字的熟能生巧……乃至短期與長期記憶，意識與潛意識記憶，這些認知活動都是心理學家致力研究的主題。而另一方面，分子生物學家埋首顯微鏡前，試圖從最基礎的層次找出學習與記憶的神經機制。近年來，認知科學與分子生物學的跨域整合，為心智研究帶來革命性的突破。記憶，可說是首次能將心理歷程從分子層次進行分析的領域。經過科學家的努力，如今我們知道，神經細胞之間的聯結就是記憶的基本單位。人類記憶並非專門儲存在大腦某個部位，而是由神經迴路構成，不同形式的記憶各有各自的神經系統。兩位頂尖研究者合著的這本書，以深入淺出的文字，闡明易懂的插圖，為讀者一一解答記憶機制的運作之謎。（蔡佳珊）

《找尋逝去的自我》 (Searching for Memory)

丹尼爾·夏克特（Daniel L. Schacter）／著　高申春／譯（吉林人民）

「我無法回顧我的生命。」一位腦損傷患者因為無法回憶過往的所有事情，而道出了沉重的事實，記憶之於自我的重要性於是揭開。作者試圖將認知心理學、臨床觀察和神經科學聯合成一個統一的研究模式，以理解人類記憶之謎。他認為記憶一方面有諸多局限，另一方面又對我們的生活產生全方位的影響。它的這種重要的二元性質則構成了本書的核心，而這種二元性對我們理解過去的經驗及如何塑造當前的現實是至關重要的。書中除了對引起記憶的基本過程、年齡的增長對記憶的影響進行分析之外，更對記憶的相關事項有著深刻的闡述，是研究記憶的重要著作。（墨壘）

《記憶：一個實驗的與社會的心理學研究》 (Remembering: A Study in Experimental and Social Psychology)

巴特萊特（F. C. Bartlett）／著　黎煒／譯（浙江）

在心理學的範疇，「記憶」似乎是個當然的好題材，人類因著多種的性格對世間事便有多重的理解，這些理解存在於人際的、家國的乃至一般事件的各種認知裡。在這本由第一位被冊封為爵士的重要英國心理學家巴特萊特執筆的心理學實驗著作裡，作者取道的研究前提是人對經驗的看法勝於人天生的潛質或命定的性格；本書也讓我們見識到了：神話、習俗這類「說不上從那兒來的祖傳基因」，可以怎樣發揮威力替我們的記憶編碼。不論是跨文化的情境或是語言與記憶的連結，巴特萊特都提供了實例或故事性的追索及再現過程，這也使得本書的閱讀趣味更貼近讀者的自身印證。（鄭俊平）

《氣味、記憶與愛欲：艾克曼的大腦詩篇》 (An Alchemy of Mind)

黛安·艾克曼（Diane Ackerman）／著　莊安祺／譯（時報）

我思故我在，固然是至理明言；我記憶故我在，亦是無可否定的──沒有記憶，我們就好像活在孤獨的星球裡。由感官所引發的記憶，更是一種美妙的記憶機制，作者（曾著《感官之旅》等書）便這樣形容用嗅覺探索過去的「代表人物」普魯斯特：「他就把每一段回憶都化為一段小小的永恆，是永不耗竭研究的迷你宇宙」。這種記憶甚至一輩子都不會跑掉。

這是一本關於記憶機制的書，同時也是一本文學作品，作者先由大腦的結構談起，夾雜著文學作品裡跟感官記憶有關的例子，以及她自己的生活經驗。作者把本來硬邦邦的生物學理論寫得趣味盎然──把活躍的神經元形容為一齣鬧閨房劇、免疫系統會記仇等等。此書是作者「對腦的讚頌歌」，亦替我們揭開了大腦與心智的神祕面紗。（冼懿穎）

《夢境的例句》 (The Secret Language of Dreams)

芳塔納（David Fontana）／著　李瑞玲／譯（知書房）

夢在西方近代文明之中，最著名的科學化、系統化解釋即為佛洛依德的精神分析以及榮格的分析心理學。然而兩者曾有密切的共同研究關係，卻因為佛洛依德著重個人潛意識、性、情結這樣的理性的研究途徑，與榮格強調集體潛意識、共時性、原型、神話、鍊金術的非理性研究途徑，以兩種看似分道揚鑣卻又像互補關係的立場而存在著。本書對夢的解釋方式採榮格分析心理學的途徑，前半部屬於夢的系統解釋，包括各種解釋觀點、不同看待夢的意義層次及夢的運作語言。後半部則用分析心理學所建立之夢的類型─由主題（從因到果）及象徵（從果到因）的各種解釋類型與方式，作為解夢的依據。此書篇幅有限，讀者可看到分析心理學如何解夢，若要實際進行解夢，還是需要專書與訓練才有可能進行，並不像佛洛依德精神分析那樣容易、廣泛地被應用在許多領域。（郭家銘）

《讓大腦變年輕》 (The Memory Bible)　蓋瑞·斯默爾（Gary Small）／著　蔡承志／譯（商周）

「年紀大了，記性也變差了」，這是一般人認為的身體老化的自然現象，直到醫學研究證實後，大家才了解原來記憶力衰退是大腦產生病變的症狀，雖然這種病變的發生的確是由身體老化所引起，但經由醫界的研究，試圖從醫藥與行為治療兩方面雙管齊下，已能延緩這類病變的持續惡化，有效維持患病者的生活品質。甚至，這類疾病已經是可以預防的。本書作者、記憶與老化研究權威斯默爾醫師，首先介紹人類大腦結構，告訴讀者記憶如何產生，為什麼會消退，並設計自我衡量大腦老化程度的評量方式，再規畫記憶訓練術，供人增強記憶力並活絡腦細胞，更全面性地從日常作息、飲食、用藥等各方面提供建言；專業醫師的專業建議，構成了這本極實用的大腦保健書。（陳彥仲）

《記憶的祕密》(Committed to Memory)魯普(Rebecca Rupp)／著 洪蘭／譯（貓頭鷹）

書的前半部因將記憶的相關現象及概念，與許多有趣的事例相結合，因而讀起來既輕鬆有趣，亦容易理解；後半部開始，專有名詞增多，說理性較強，對於一般讀者而言，讀來會吃力許多。本書從古代希臘「記憶術」一詞的來源說起，直到現今的種種有關記憶的研究等等，企圖將所有有關記憶的事物提綱挈領的加以陳述；因此書中除提及許多因記憶而引起的事件，更有神經科學的理論介紹及記憶術的說解等等。唯本書錯字不少，譯名也未能統一，如其名詞對照中的「西蒙尼得」在正文中卻做「西摩尼得斯」，是瑕不掩瑜的缺失。（墨蠹）

《Intelligent Memory》Barry Gordon & Lisa Berger／著（Vermilion）

記憶對每個人來說就好比是體力一樣因人而異，有些人可以在見過一次面的情況下就記住你的名字與樣貌，有些人可以在極短的時間同時背出上百組電話號碼。當然也有許多人就連自己剛剛才放進口袋裡的車鑰匙，都還要找半天，更別說去記住那些家人生日，或者特別紀念日。因此記憶力的強與弱常常被認為是聰明與否的象徵。本書的作者Barry Gordon在美國著名的約翰霍普金斯醫學院專門研究認知神經學，並且發現控管大腦記憶的中樞神經，可以經由訓練而提升記憶力。
本書清楚告訴讀者如何利用有效的方法去記住想要牢記的事物，記憶力是可以被訓練且不受年紀的影響。透過一連串簡單而又有趣的練習，將會很快的發現你也有意想不到的記憶。（Henry）

《一次》(Einmal) 維姆·文德斯(Wim Wenders)／著 崔嶠、呂晉／譯（廣西師大）

這本書是文德斯為紀念小津安二郎長期的攝影師與合作夥伴厚田雄春而出版的圖片札記，每一幅他拍下的圖片都附上簡短但充滿意境的文字，每一篇的標題都是「一次」，因此這本書可以說是透過文德斯獨特的眼光，而捕捉到的一次次精彩瞬間的組合。文德斯說：「每張照片都是一張雙重影像：既有被拍照的對象，也有或多或少可以看見的照片『後面』的對象，在拍照瞬間的攝影者本人。」我們在這裡看到許多文德斯的瞬間，同時也看到他所留存的許多他人的瞬間，像他曾拍下兩個男人的後腦勺，他看著他們的腦袋，想著在他們腦中產生的景象和故事將超越他們自己而存在，因為他們是黑澤明與英國著名導演米夏爾·鮑威爾。（徐淑卿）

筆記

《班雅明作品選：單行道、柏林童年》(A la recherche du temps perdu)
瓦爾特·班雅明(Walter Benjamin)／著 李士勛、徐小青／譯（允晨）

班雅明出生於柏林的猶太家庭，這個背景讓他在希特勒時期被迫逃亡，最後甚至為了躲避納粹，而在法西邊境的小城鎮服毒身亡。他生前只有兩部作品問世，一是《德國悲劇的起源》，另一則是本書收錄的〈單行道〉，而本書第二部分〈柏林童年〉雖於1932年開始寫作，但至1981年才讓人發現。
後兩部作品的形式殊異於他大量的文化評論，阿多諾（Theodor Adorno）稱此為「思維圖像」的表現形式，關於他的種種記憶與經驗，被打散在片段而不連續的短文中，寫出這些作品，對他來說，是為了認識過去，將它壓縮在一個空間而預兆未來，而不是對流逝時光的保存。（莊琬華）

《往事並不如煙》章詒和／著（時報）

這本書是中國大陸近年來未必能說絕後，但絕對是空前的一本書。作者所描繪的一些人與事，多年來猶如被埋藏在記憶的禁區，如今透過作者生動的文字，又栩栩如生的重現世人面前。
儲安平、史良、康同璧、張伯駒等人，對許多讀者而言可能略感陌生，但是作者的文筆，卻能讓讀者跨越鴻溝，而進入到這些人晚年的生命圖景中。因為章詒和的遭遇，許多人可能政治性的解讀作者何以不讓往事如煙的創作企圖，但是讓迫害者和被迫害者顯影只是這本書受人注意的原因之一，更重要的是她重現了一代知識分子的失落，以及一些消失的精彩人物的細節，而像康同璧、張伯駒這樣的人物，在未來的中國歷史中，即使不是空前，也應該是絕後的。（徐淑卿）

《榮格自傳：回憶·夢·省思》(Memories, Dreams, Reflections)
榮格（C.G.Jung）／著 劉國彬、楊德友／譯（張老師文化）

榮格在心理學的領域中，雖然師承佛洛依德，卻在「精神分析學」之上，創造「分析心理學」，從個人潛意識推展出人類的「集體潛意識」。他發現人一出生，就具有某些傾向，例如怕黑，以及不必依靠學習就可產生的反應，因此他致力於了解其緣由。此書是榮格於八十三歲時，開始藉由「講述故事」，凝視、思索他生命中各階段影響他的種種記憶，包括真實發生的事件、夢境、個人思想，甚至是曾經出現過的幻覺，而這些內心體驗對他的重要性遠遠超過身外在真實事件，因此，這本自傳不若一般傳記形式側重傳主的真實經歷，而是著重於心理因素與個人生命及集體潛意識的連結，在其中可以看到他如何將理論實踐、融合於生命之中。（莊琬華）

《臺北人》白先勇／著（爾雅）

1949年以後的台北城，湧現一批批從中國大陸離鄉背井的浮游群落。這十四篇小說描繪的就是這些背負著過去的記憶，而必須在這個陌生的城市活下去的人們。這些人有的落難到社會底層，有的依然維持著昔日的場面氣派，然而即使是複製的排場，依然不能和回憶中的輝煌相提並論，這些是被回憶的鬼魂緊緊纏繞的一群人。

過了三十年，這部短篇小說集如今看來依然生動魅人。只不過隨著社會環境的推移，這部作品除了文學的意義之外，還多了一層社會史的意義。它保存了1949年以來被迫來台的大陸移民的圖像，而且深刻的同情與理解他們的處境，這些圖像裡的人也許大多已經成為歷史，但是深刻的理解和同情，在不同的族群相處中，依然是重要的。（徐淑卿）

《古都》朱天心／著（麥田）

本書由五篇短篇小說組成，其中，〈匈牙利之水〉談的是記憶與氣味，而與書同名的〈古都〉一篇，主軸則在記憶與城市。作者朱天心向來關心時間的議題，在猶如自傳的〈古都〉中，敘述者從回憶起十七歲開始，不斷穿梭在更幼時與二十載後的中年之間。或與手帕交、與女兒同行，或獨自一人，台北是漫遊的場景，而如今重新閱讀這些空間，卻夾雜著濃厚的認同與歷史感的失落。尤其是主角和老友約在京都重聚，京都的百年不變，正比照著台北的無情。

「大概，這個城市所有你曾熟悉、有記憶的東西都已先你而死了」，這是深沉的控訴，老靈魂們必定心有戚戚焉。（藍嘉俊）

《生命史學》余德慧／著（心靈工坊）

人們通常具有執著於過往記憶的真性情，但多數卻是懵懵懂懂不知其因，或者就視之理所當然而未曾興起探索之意。本書以平凡可見的生活點滴做為開場白或串場，讓讀者輕易從中尋到認同，再以學院派的理論作為書寫基礎，透過流暢柔美的文字，穿針引線地帶出記憶對於個人生命意義與價值何在。本書沒有陳腔濫調的答案，也不提供單純而直線的解密；讀者跟著作者的思緒盤旋，將被輕巧地帶離受科技與物質文明制約已久的思考方式，以記憶作為開啟自我生命體驗的門窗，重新審視自己活過的時光，找到不同的意義。

本書中，記憶不再只是強說愁般的懷舊，記憶與當下，不是絕對的斷裂，也不是順理成章的延續，而是錯綜複雜的交纏於個人生命中，為生命帶來深沉的存在感。（陳彥仲）

《得救的舌頭》（Die gerettete Zunge）伊利亞斯‧卡內提（Elias Canetti）／著　林維杰／譯（臺灣商務）

這是諾貝爾文學獎得主卡內提回憶錄三部曲的第一部。書名來自於他最初的回憶，每天有個男人拿出摺疊式小刀要割掉他的舌頭，然後又放過他，多年以後，他才知道這個記憶的真相。

這部作品涵蓋作者十六歲以前的生活，他出生於保加利亞的魯斯特舒克，而後遷居英國曼徹斯特、維也納、蘇黎世，在書裡我們不僅可以看到一個青年的成長，更隨之我們看到一個二十世紀初的舊世界的圖像和細節，這些揉雜在作者的成長故事中，令人讀來津津有味。

在《得救的舌頭》之後，另外兩本回憶錄是《耳中的火炬》和《目光的遊戲》，敘述的時間到1937年為止。相信讀者在看完第一部之後，會迫不及待跟隨著作者的生命之旅尋找另外兩部作品。（徐淑卿）

《北京人》張辛欣、桑曄／著（林白）

書名是《北京人》，但採訪的對象卻不僅是生活於北京地區的人，因此所謂的「北京人」也許可視為「中國人」的別稱。八○年代張辛欣和桑曄採訪了大陸形形色色的人物，以口述實錄的方式，呈現他們眼中所呈現的不同視野與記憶。這部作品在兩岸隔絕數十年後開始接觸的年代裡，的確是幫助台灣認識真實生活於彼岸的「大陸人」，而非以「外省人」來想像「大陸人」的作品，同時本書也保存了大陸改革開放之初的社會面貌，以及不同的人對於當下生活的認知，如今看來，這些紀錄仍然是很有價值的。（徐淑卿）

《雙唇的旅行》韓良露／著（麥田）

雖然書名有「旅行」兩字，但內容卻非專注於旅遊美食文學。全書分為四卷：「親友惜味」描寫父母與親友令人懷念的菜式；「本土回味」是幾則關於童年時期、台北各處、四季遞嬗時在台灣的各地美食；「旅途尋味」為這幾年作者在上海、日本、義大利等地旅行時的美食感想；「人生知味」則是她對於飲食之道獨特的見解，以及一些關於飲食的書評。

《雙唇的旅行》以她最擅長的親友懷念之味起頭，由於本書書寫期間作者經歷母親突然過世的變故，因此除了懷舊之外，更增添了帶著感傷的懷親情感。透過一則一則對於菜餚的回憶，串連起她與妹妹、父母、外婆的家庭故事，就像是一條沿著味覺的族譜，進入她心中潛藏於親人與生命的眷戀中。（奈勒斯）

《五年級同學會》Mimiko／等著（圓神）

一般懷舊之作，大多是針對某個年代，但不同經歷者的感受或許南轅北轍，而本書則是訴諸特定一群人，一群民國50年到59年出生的人。這就是所謂的「五年級」，如此的世代定位法甚至成為台灣一種文化現象。同輩的人開同學會，同學會不談往事要談什麼？本書所有的五年級作者，在他／她們回憶的愛情、工作、童年或一路走來的各種人生片段的同時，也進行了集體的召喚。召喚一種轉眼就走到人生一半的共鳴感。就像其中一位作者在某個討論場合、半認真半開玩笑所說的：對五年級生而言，能打敗年輕網路世代的，恐怕就只剩下其所未經歷過的回憶了。或許吧！（藍嘉俊）

《良友憶舊》馬國亮／著（三聯）

近乎十五個年頭，發刊有172期的《良友》畫報，頂著時代封面女郎，大開本圖文繪製的開創，深獲一般大眾喜愛，同時亦吸引學者專家的青睞及參與，從內地的普及閱讀，透過海外交流逐漸發揚成國際性讀物。

從回力球賭博花招、交易所指標生活及茶樓文化，描寫三〇年代紙醉金迷的都會上海，光怪陸離的聲色犬馬及人文活動的交流紀實。本書精選畫報裡珍貴的照片文獻，讓中山先生、魯迅大師、畫家徐悲鴻、默劇大師卓別林等名人自述及創作身影，在此交會。摘錄篇章報導也讓鮮為現代知曉的趣聞軼事翻越時代躍上泛黃的紙面。

翻閱著《良友》的同時，那人正走在上海的弄堂間。回首《良友》一路走來的風景，二〇、三〇、四〇整個時代的記憶也正甦醒。（洪玉盈）

《番社采風圖》杜正勝／著（中央研究院歷史語言研究所）

「這份兩三百年前的文物圖像則是揭開台灣古代社會晚期轉變軌跡的必要憑藉。」本書猶如副標題所言，是以台灣歷史初期平埔族之社會文化為中心。所謂的平埔族乃指風俗習慣已經漢化的原住民，並不是特指某種族群，而是涵蓋多種族群。作者藉由豐富的圖像而粗略的勾勒出台灣古代史的面貌，書中所探討的有平埔族的體質和狀貌、髮型和服飾以及其社群生活。而藉由圖像的輔助，讀者可以從中直觀得知，平埔族如何進行捕魚、狩獵、採集、紡織、製糖、造屋等等活動，配合作者對該圖簡短的介紹，讓於台灣時空中消逝的軌跡，再次回到了人們的記憶之中。（墨壘）

《老台灣柑仔店》蕭學仁／著（上旗）

尪仔標、無敵鐵金剛、科學小飛俠、翹鬍子仁丹、抽抽樂……，這些物品包含了多少童年的回憶。就像候鳥、魚群歷經波折總要回到牠們的巢穴，才能繼續孕育下一代，人類也有著回歸最初的渴求，就像翻閱本書時，內心不斷升起尋找過往的急切！《老台灣柑仔店》帶著我們回味那古早的芬芳。由於作者鍾情於骨董收藏，所以在張張全彩的圖片說明中，會出現拍賣市價的評估，是本很好的拍賣議價指南。每個單元前的油畫都出自作者之手，搭配底下的文字故事，和單元主題互相輝映，讓這本冊子除了是骨董玩意的收集本之外，增添了不少藝術作品集的味道，算是神來一筆。文末的懷舊地點索引，讓心裡騷動不已的讀者在望梅止渴之際，有接觸實景實物的機會，算是回歸旅遊指南的文本了。（杜一）

《台灣城市記憶：地圖上消失的街道風景》李欽賢／著（玉山社）

把書翻到52頁，你會看到新北投驛，翻到127頁，遇見豐原老街，第219頁介紹的則是高雄州廳，本書帶領讀者造訪了全省百處歷史場所，而這些地點之所以皆由鉛筆素描出現，是因為它們都被拆毀了，無從親眼目睹。藉由作者一筆一筆的重建，我們得以神遊那些消失在地圖上的風景，並知曉它們的故事。如原坐落在忠孝西路、重慶南路口的消防組瞭望塔，曾是日治時期，台北除總督府外最高的建物，見證一個電話不方便、消防人員必須登高目測失火點的時代。都市的開發讓許多有意義的環境一一消失，讀者也只能在書本中，尋找關於城市的記憶了。（藍嘉俊）

《當代小說與集體記憶：敘述文革》許子東／著（麥田）

大陸十年文革，對於在此生活的人們來說，究竟是怎麼一回事，產生了什麼影響，絕不只是歷史書寫或者各種正式紀錄所呈現的面貌與結果。有人選擇沉默，有人選擇以創作來記憶或者忘卻這段歷程。

文學，往往反映出更真實的歷史，於是許子東研究五十部關於文革的文學作品，研究發現，創作者在不約而同的情況下，以相近的結構呈現「文革集體記憶」的整理、建造與修改過程——「建造一種為了忘卻的記憶」，達成療治心理創傷、歷史反省、彰顯歷史荒謬、個人反思與懺悔的目的，這些作品廣為讀者接受，反映了這一代人最終的想望——最平凡卻也是最艱困的「繼續生活下去」。（莊琬華）

《音樂的往事追憶》李歐梵／著（一方）

很多時候，當我們聽到一段熟悉的音樂或旋律時，一些回憶或畫面往往在瞬間會湧上心頭。

音樂彷若擁有帶人們回到過往的神祕力量，這是許多人共有的經驗，對李歐梵來說，這經驗更是頻繁，因為雖然他致力於文學，但是每天都離不開音樂，甚至一天不聽音樂比一天不讀書更令他痛苦。

於是，李歐梵帶著濃厚的情感與回憶，寫下這本充滿懷舊味道的音樂散文。寫作年代橫跨三十年，內容涵括對聆聽音樂的邈思狂想、現場聆聽音樂會的感受、閱讀音樂書籍的讀後感、購置唱片及各種版本比較，以及對身為作曲家父親李永剛的悼念等等。

出身音樂家的李歐梵，藉著書寫，抄發自己的音樂人生，以及再一次回溫過去的片片段段。（詮斐）

《狂飆八〇：記錄一個集體發聲的年代》楊澤／編（時報）

1980年，美麗島事件開始軍法審判，1989年，無殼蝸牛走上街頭、萬人露宿忠孝東路。當然，你印象中的八〇年代，可能並非以此開始及結束。你可能更記得7-11的出現、牛肉場盛行、股市狂飆及其它層出不窮的社會運動，或是懷念起陳映真的《人間》雜誌與豬哥亮的歌廳秀。而這些卻只是那十年間的某個切面。

本書試圖建立那個眾聲喧嘩年代的完整輪廓，集結名家，分別從總論、流行、文藝、校園、國際等不同領域，回顧、分析那段時間的種種，除此之外，還有當時不能不知的人物側寫、辭語解釋，以及詳細年表。那也不只是回顧，而是對現下所處時空，作一個還不算太久的歷史性理解。（藍嘉俊）

《文革大字報精選》譚放、趙無眠／編（明鏡）

一個人的瘋狂，多少可以想像；一群人的瘋狂，多少也有個底線。然而，一個瘋狂的時代，是既無法想像，也不是可以想像出來的；更要命的是，它瘋狂的程度可能沒有底線。什麼「捉妖戰歌、死刑宣判書、鬥爭大事記」以及把誰抓出來鬥倒、鬥垮、鬥臭，光是聽聽這些文革時期的大字報標題，大概也可以駭死不少良民，讓人暫時陷入一個既瘋狂又驚恐、慌亂、荒唐的時代氛圍之中。作者對大字報所牽涉到的許多歷史背景及人物的來龍去脈等，也有擇要介紹。全書共六十餘萬字，有助於讓人了解文革真相，並對之後的中國政治運作及領導人作風有頗多參考價值。（墨壘）

忘記

《記憶vs.創憶》（*The Myth of Repressed Memory*）
伊莉莎白·羅芙特斯、凱薩琳·凱遜（E. Loftus & K. Ketcham）／著　洪蘭／譯（遠流）

人類的記憶靠著學習語言之後的認知和對圖像組合辨識的能力而逐漸形成，我們記不得嬰幼兒時期的事情，是因為我們在幼時大腦未發育成熟，也尚未學得語言，無法將訊息轉換成可供整理、記憶的訊息儲存起來，當然無法以「解碼」的方式「查閱」。但記憶也不像錄影、錄音可以完整地存檔、取出，本書提出各式各樣的例子證明，人類的記憶受到許多的干擾，常會有許多不曾發生過的事件，卻在人們的記憶中出現，不管是被催眠、暗示，或是囿於自身的認知體系，都會無中生有地創造出一個栩栩如生但卻完全沒發生過的記憶。本書強調記憶是可塑的，會受到喚回過程中的提示、自我意識的影響，記憶並非事件的銘刻那樣簡單，而是充滿各種不確定的干擾與扭曲，甚至是受到暗示的創造。（林盈志）

《記憶的暗殺》竹內迅／著　田原、張嫻／譯（慧明）

屬於中日戰爭發動國日本並且實際參戰的前軍人，對於1937年12月13日攻陷南京後的所作所為，竟然會有各式各樣截然不同的記憶，甚至對於教科書如何詮釋當時發生的事件而產生爭議，更別說中國與其他二戰時期受日本侵略的國家會如何看待日本的自圓其說。

記憶的暗殺是日本記者竹內迅對於東史郎以個人日記所記載的戰場見聞，主張日本應向中國道歉，而遭昔日同單位軍人控告名譽毀謗的「南京大屠殺」訴訟案事件始末之記錄。書中分別闡明正反方立場與東史郎多次上訴仍敗訴的事件歷程，將試圖抹滅南京事件事實的人稱為記憶暗殺者，並且呼籲正視這些暗殺者於南京事件的五十幾年後還極力掩飾的企圖。（郭家銘）

《華氏451度》（*Fahrenheit 451*）雷·布萊貝利（Ray Bradbury）／著　于而彥／譯（皇冠）

《華氏451度》應該是布萊貝利最為人知的作品之一，除了法國新浪潮導演楚浮將其改拍成電影的原因之外，更重要的是這是一本關於未來人類控制思想、限制書籍傳播的小說。「華氏451度」指的是紙張燃燒時的溫度，在書中的未來，消防員做的工作不是救火而是放火，在查獲書籍時，便由消防員執行焚毀任務。消防員孟泰格在遇到鄰家一位喜愛讀書的女孩後，開始改變了他對於書的看法，開始加入他們保護人類知識的行動。最後他們逃離社會，在遠離都市的營地加入一群志同道合的夥伴，以口述然後記憶的方式，把一本一本的書籍，回到人類最原始的傳遞知識方式，將這些文明的精華傳續下去。（林盈志）

《博士熱愛的算式》 小川洋子／著　王蘊潔／譯 （麥田）

記憶對人的生活有多重要，以及培養一件自己深深熱愛的興趣有多重要，這兩件事，是閱讀本書一個溫馨、充滿希望的故事之外的額外收穫。一位獨自撫養兒子的女人，藉著管家一職，謀取生活。小說就從她擔任博士的管家敘說起。博士因為車禍，大腦受了傷，他除了還記得1975年前的事，對於現狀，他的記憶力就只有八十分鐘，只要超過八十分鐘，博士的腦袋就完全空白。一個人如果只有八十分鐘的記憶，他要如何面對生活？幸好，博士熱愛著教學，當然數字也是他面對世界的方式，當他不知道說些什麼時，他就以數字代替語言。小說是以管家的角度書寫，對於博士的心情著墨不多，或僅能透過管家來觀察揣測，也許淡化了博士失憶的痛苦，但倒也牽引出一段博士與嫂嫂間的情感，直至書末，也並未完整交待，只留下一些想像。（詮斐）

《笑忘書》（*Kniha Smíchu a Zapomnéní*）米蘭‧昆德拉（Milan Kundera）／著　尉遲秀／譯 （皇冠）

「這是一部關於笑與忘的小說，關於遺忘也關於布拉格，關於布拉格也關於天使們。」作者如是說。遺忘或者記憶，有時候是一種對抗權力的鬥爭，有時候，是想要尋回或者拋捨過去的一欲慾望。而人，只是提供實踐的「一次性」器具，卻自以為能掌控所有，儘管認真有加，卻讓觀看者（小說家、讀者）忍不住發笑，特別是在小說中的人物志得意滿的時候，更是令人捧腹。

七篇故事，依循著相同主題基調，以各自的節奏與情緒緩緩開展，米蘭‧昆德拉在小說中從個人推向捷克的歷史和社會，隱藏在笑與忘的背後，是無盡的沉重。（莊琬華）

《破碎的人》（*The Man with a Shattered World*）盧力亞（A. R. Luria）／著　歐陽敏／譯 （小知堂）

一個既是神經科學醫師又是心理學家的俄國人寫下了這部既像學術探險又像私語小說的紀實著作。小說的主人翁察契斯基因為參戰而腦部負傷，雖然他在人性各種面向都還保持正常，但卻失去了生命成長裡最重要的資產——記憶。盧力亞是以復健的動機為小說主人翁展開出一條向受損的大腦自我挑戰的道路：儘管執筆者和主角都是真實人物，但腦神經醫生的旁觀記錄及受傷主角想把「破碎的自己」拼湊回原貌的日記寫作過程，讓這本書的人性思索及悲憫之情遠過內含的「病理切片」意義。執醫的學者盧力亞最終回到了記憶破碎的根源，他希望人類的戰爭及殺戮永遠只是記憶，再也不要有察契斯基這種不幸的遭遇。（鄭俊平）

《輓歌》（*Elegy for Iris*）約翰‧貝禮（John Bayley）／著　李永平／譯 （天下文化）

這是作者獻給妻子艾瑞絲‧梅鐸的回憶錄。艾瑞絲‧梅鐸是英國著名的哲學家、作家，晚年罹患阿茲海默症而喪失了曾在她的腦中活躍的一切生命，當然也包括記憶。雖然作者曾說：「艾瑞絲喪失記憶等於是我自己喪失記憶。」但是這部作品卻是試圖再次「記憶」著他們相識以來所經歷的生活。作者曾經形容艾瑞絲生病後，他們的溝通就像在海底發射聲納，靜靜等待對方的回音，這種意象就像艾瑞絲形容自己正在「航向黑暗」一樣，充滿深海寂靜的孤獨，也因此我們了解作者何以要寫下這部作品，如果不再藉由書寫而重新回憶過去的一切，以及再次和艾瑞絲對話，這樣痛苦的孤獨恐怕更為磨人吧。（徐淑卿）

《羅生門》 芥川龍之介／著　葉笛／譯 （桂冠）

「羅生門」是我們耳熟能詳的詞彙，《羅生門》也是日本導演黑澤明享譽國際的電影，追溯這兩件事的源頭，都與日本作家——芥川龍之介的《羅生門》密切相關。

《羅生門》電影取材自短篇小說集《羅生門》中的〈竹藪中〉，描述一件兇殺案發生後，檢查官詢問每個關係人，卻發現有各種不同，甚至互相矛盾的說法。是因為遺忘？還是記憶被掉換？或是因為人性？因為人性裡不同的利害關係與立場。

芥川龍之介是日本極為重要的作家，擅長刻畫陰森的氣氛描述相異的心理狀態，寫作生涯雖短暫，卻留下許多精采作品。他出身自複雜的家庭，母親患精神疾病早逝，他也因神經衰弱，而在三十五歲時，選擇自殺。日本文壇為了紀念他，每年舉辦「河童祭」追思，並有「芥川賞」的設立。（詮斐）

《前世今生的謎與惑》 王溢嘉／著 （野鵝）

美國精神科醫師魏斯（Dr. Brain Weiss）出版一本透過催眠回溯當事者前世今生療法之著作，引發讀者對於前世今生、輪迴、轉世與靈魂等相關議題的探索熱潮，但是他的論理與研究是否能夠經得起嚴謹的驗證，尚待證明。

本書作者王溢嘉從各種相關研究、訪查報告中，提出對魏斯書中證據的檢驗與駁斥，直指「前世回憶」的諸多漏洞。但他並未否定催眠的效果，包括可以增強回憶力，有時甚至只是驚鴻一瞥的影像都可能藉由催眠而清晰呈現，但催眠卻也可能產生記憶扭曲。除了催眠與前世記憶之外，他也探討夢、瀕死經驗、靈魂出竅、似曾相識感、降靈會種種相關說法，努力以科學探索來發掘可能的真相。（莊琬華）

Net and Books 網路與書的書目

0 試刊號

定價：新台幣150元

存量有限。請儘速珍藏這本性質特殊的試刊號。

>特集
閱讀法國

從4200筆法文中譯的書單裡，篩選出最終50種閱讀法國不能不讀的書。從《羅蘭之歌》到《追憶似水年華》，每種書都有介紹和版本推薦。

1 《閱讀的風貌》

定價：新台幣280元　特價199元

試刊號之後六個月，才改變型態推出的主題書。第一本《閱讀的風貌》以人類六千年閱讀的歷史與發展為主題。包括書籍與網路閱讀的發展，都在這個主題之下，結合文字與大量的圖片，有精彩的展現。本書中並包含《台灣都會區閱讀習慣調查》。

2 《詩戀Pi》

定價：新台幣280元

在一個只知外沿擴展的世界中，在一個少了韻律與節奏的世界中，我們只能讀詩，最有力的文章也只是用繩索固定在地面的熱氣球。而詩則不然。
（人類五千年來的詩的歷史，也整理在這本書中。）

3 《財富地圖》

定價：新台幣280元

如果我們沒法體認財富、富裕，以及富翁三者的差異，必定對「致富」一事產生觀念上的偏差與行為上的錯亂。本期包含：財富的觀念與方法探討、財富的歷史社會意義、古今富翁群像、50本大亨級的致富書單，以及《台灣地區財富觀調查報告》。

4 《做愛情》

定價：新台幣280元

愛情經常淪為情人節的商品，性則只能做，不能說，長期鎖入私密語言的衣櫃。本期將做愛與愛情結合，大聲張揚。從文學、歷史、哲學、社會現象、大眾文化的角度解讀「做愛情」，把愛情的概念複雜化。用攝影呈現現代關係的多面，把玩愛情的細部趣味。除了高潮迭起的視聽閱讀推薦，並增加小說創作單元。

5 《詞典的兩個世界》

定價：新台幣280元

本書談詞典的四件事情：1.詞典與人類歷史、文化的發展，密不可分的關係。2.詞典的內部世界，以及編輯詞典的人物與掌故。3.怎樣挑選、使用適合自己的詞典——這個部分只限於中文及英文的語文學習詞典，不包括其他種類的詞典。4.詞典的未來：談詞典的最新發展趨勢。

6 《移動在瘟疫蔓延時》

定價：新台幣280元

過去，移動有各種不同的面貌與定義，冷戰結束後，人類的移動第一次真正達成全球化，移動的各種面貌與定義也日益混合。2003年，戰爭的烽火再起，SARS的病毒形同瘟疫，於是，新的壁壘出現，我們必須重新思考移動的形式與內容。32頁別冊：移動與傳染病與SARS。

7 《健康的時尚》

定價：新台幣280元

這個專題探討的重點：什麼是疾病；怎樣知道如何照顧自己，並且知道不同的醫療系統的作用與限制；什麼是健康，以及如何選擇自己的生活風格來提升自己的生命力。如同以往，本書也對醫療與健康的歷史做了總的回顧。

8 《一個人》

定價：新台幣280元

單身的人有著情感、經濟與活動上的自由，但又必須面對無人分享、分憂或孤寂的問題。不只是婚姻定義上的單身，「一個人」的狀態其實每個人都會遇到，它以各種形式出現，是極為重要的生命情境或態度。在單身與個人化社會的趨勢裡，本書探討了一個人的各種狀態、歷史、本質、價值與方法。

國家圖書館出版品預行編目資料

記憶有一座宮殿＝ New Palace of Memory／黃秀如主編.
--初版.-- 臺北市：網路與書，2005〔民94〕
面； 公分.--（Net and Books網路與書
雜誌書；16）
ISBN 986-80786-3-6（平裝）
1. 記憶
176.33   94004778

9 《閱讀的狩獵》

閱讀就是一種狩獵的經驗。每個人都可以成狩獵者，而狩獵的對象也許是一本書、一個人物、一個概念。這次主要分析閱讀的狩獵在今天出現了哪些歷史性的變化、獵人各種不同的形態，細味他們的狩獵經驗、探討如何利用各種工具有系統地狩獵，以及回顧過去曾出現過的禁獵者及相關的歷史。這本書獻給所有知識的狩獵者。

定價：新台幣280元

10 《書的迷戀》

從迷戀到痴狂，我們對書的情緒有著各種不同的層次。本書要討論的是，為什麼人對書的實體那樣執著？比起獲取書裡的知識，他們更看重擁有書籍的本身。中西古書在形態和市場價值上差別如此大，我們不能不沉思其背後的許多因素。本書探討：書籍型態的發展、書痴的狂行與精神面貌、分享他們搜書、藏書和護書經驗，及如何展現自己的收藏。

定價：新台幣280元

11 《去玩吧！》

玩，就是一種跳脫制式常軌的狀態或心情。玩是一種越界。雖然玩是人的天性，卻需要能量，需要學習。本書分析了玩的歷史與文化，同時探討玩的各種層次：一生的玩，結合瘋狂與異想；一年的玩，結合旅行與度假；一週的玩，作為生活節奏的調節與抒解；每天的玩，一些放鬆與休息。藉此，勾動讀者想玩的心情與行動。

定價：新台幣280元

12 《我的人生很希臘》

古希臘以輝煌的人文和科學成就，開歐洲思想風氣之先，而今日希臘又以藍天碧海小白屋，吸引全世界人們流連忘返。其實，希臘不必遠求，生活週遭處處都隱含著希臘之光。到底希臘的魅力從何而生？希臘的影響又有多麼深遠？看了這本書你就會了然於心。

定價：新台幣280元

13 《命運》

每個人存活在世界上，多少都曾經感受到命運的力量。有時我們覺得命運掌控了我們，有時我們又覺得輕易掙脫了它的束縛，一切操之在我。到底命運是什麼？以及，什麼是命？什麼又是運？本書除了對命運與其相關詞彙提出解釋外，還縷述不同宗教、文化對於命運的觀點，以及自由意志展現的可能。此外，還有關於命運主題的小說、攝影、繪本等創作。

定價：新台幣280元

14 《音樂事情》

從原始的歌到樂器的發明；從留聲機時代的爵士樂到錄音帶音樂；從隨身聽、MTV到數位化的iPod，聽音樂的模式一直在改變。本書談的是音樂的力量，如何感動人，以及在社會文化層面上產生影響力。經歷民歌、情歌、台語搖滾時代，今後的創作者又將面臨什麼情況？

本書內含《音與樂》CD

定價：新台幣280元

15 《我窩故我在》

家，是人誕生之處，也是心安頓之所。家有多重的意義：房屋，代表一種遮蔽；窩，代表一種自在；家庭，代表一種歸屬；家鄉，代表一種回憶。從前這四種組合是一體的，現今則可能分散各處。時代與環境變化無常，能夠掌握的就是自己的窩了。本書以自己的窩為主軸，探討屋、窩、家人及家鄉的四種精神與作用。

定價：新台幣280元

16 《記憶有一座宮殿》

在種種高科技記憶載體推陳出新、功能日益強大的時代，我們該如何重新看待腦中儲存的記憶？本書指出，大腦的「倉庫」功能，現在可由許多外掛載體勝任，而我們應把大腦視為一座儲存珍貴事物的「宮殿」，每個人都可獨力打造屬於自己的記憶之宮。書中也深入探討記憶、遺忘與個人生命的深刻鏈結，並展示歷史與文化集體記憶的萬千風貌。

定價：新台幣280元

Net and Books 網路與書

訂購方法

1. 劃撥訂閱

劃撥帳號：19542850　戶名：英屬蓋曼群島商 網路與書股份有限公司 台灣分公司

2. 門市訂閱

歡迎親至本公司訂閱。　地址：台北市105南京東路四段25號10樓之1。

營業時間：週一至週五上午9：00至下午5：00

3. 信用卡訂閱

請填妥所附信用卡訂閱單郵寄或傳眞至台北(02)2545-2951。

如已傳眞請勿再投郵，以免重複訂閱。

信用卡訂購單

木訂購單僅限台灣地區讀者使用。台灣地區以外讀者，如需訂購，請至www.netandbooks.com網站查詢。

□訂購試刊號　　　　　定價新台幣150元×＿＿冊=＿＿＿元　　□訂購第9本《閱讀的狩獵》　定價新台幣280元×＿＿冊=＿＿＿元

□訂購第1本《閱讀的風貌》　定價新台幣280元×＿＿冊=＿＿＿元　　□訂購第10本《書的迷戀》　定價新台幣280元×＿＿冊=＿＿＿元

□訂購第2本《詩戀Pi》　　定價新台幣280元×＿＿冊=＿＿＿元　　□訂購第11本《去玩吧！》　定價新台幣280元×＿＿冊=＿＿＿元

□訂購第3本《財富地圖》　定價新台幣280元×＿＿冊=＿＿＿元　　□訂購第12本《我的人生很希臘》定價新台幣280元×＿＿冊=＿＿＿元

□訂購第4本《做愛情》　　定價新台幣280元×＿＿冊=＿＿＿元　　□訂購第13本《命運》　　　定價新台幣280元×＿＿冊=＿＿＿元

□訂購第5本《詞典的兩個世界》定價新台幣280元×＿＿冊=＿＿＿元　　□訂購第14本《音樂事情》　定價新台幣280元×＿＿冊=＿＿＿元

□訂購第6本《移動在瘟疫蔓延時》定價新台幣280元×＿＿冊=＿＿＿元　　□訂購第15本《我窩故我在》　定價新台幣280元×＿＿冊=＿＿＿元

□訂購第7本《健康的時尚》　定價新台幣280元×＿＿冊=＿＿＿元　　□訂購第16本《記憶有一座宮殿》定價新台幣280元×＿＿冊=＿＿＿元

□訂購第8本《一個人》　　定價新台幣280元×＿＿冊=＿＿＿元

以上均以平寄，如需掛號，每本加收掛號郵資20元。

□預購第17本至第28本之《網路與書》（雙月出書）　　特價新台幣2800元×＿＿＿套 = ＿＿＿＿元

□預購第17本至第28本，每套加收掛號郵資240元。

訂 購 資 料		
姓名：	生日：	性別：□男　　□女
身分證字號：	電話：	傳眞：
E-mail：	郵寄地址：□□□	
統一編號：	收據地址：	

信 用 卡 付 款	
卡　　別：□VISA　□MASTER　□JCB　□U CARD	
卡　　號：＿＿＿＿＿＿＿＿＿＿＿＿＿	有效期限：200　年　　　月止
持卡人簽名：＿＿＿＿＿＿＿＿＿＿	（與信用卡簽名同）
總 金 額：＿＿＿＿＿＿＿＿＿＿＿	發卡銀行：＿＿＿＿＿＿＿＿＿＿